PERMA KULTUR AUF DEM BALKON

Reiche Ernte auf kleinen Flächen –
Bio-Gärtnern für zuhause

ULRIKE WINDSPERGER

INHALT

PFLANZENWAHL

ANBAU

Bedeutung der Symbole

Heilwirkung

essbare Blüte

Teepflanze

Insektenpflanze

→ siehe …

Hier kann wiederverwendet oder selbst gebaut werden.

✗ Das sollten Sie nicht tun oder nicht verwenden.

EINFÜHRUNG

Weshalb Urbanes Gärtnern mit der Permakulturmethode Erfolg verspricht und glücklich macht

1. Vogelgezwitscher bereitet Freude und Glück – so lautet die Zeitungsmeldung dieser Tage. Es ist nicht das viele Geld, das glücklich macht, sondern der Gesang von Amseln oder anderen Vogelarten, die unseren Alltag begleiten. Ein Refugium, in dem es blüht und duftet, das von Bienen, Schmetterlingen, Hummeln besucht wird und auf dem eigene Kräuter, Gemüse und Obst gedeihen, vermittelt Glücksgefühle.

Wer zwar keinen Garten hat, aber dafür einen Balkon oder eine Terrasse, kann sich glücklich schätzen – kleinste Flächen eröffnen viele kreative Möglichkeiten: Was kann gesät, gepflanzt oder angebaut werden? Welche Blütenfarben sollen den Balkon dieses Jahr schmücken? Wie lassen sich Gemüse, Blumen und Kräuter optimal kombinieren? Was gibt es von Frühjahr bis Winter Köstliches ganz frisch zu ernten?

Ein Balkon ermöglicht AnfängerInnen wie Fortgeschrittenen des Urbanen Gärtnerns mehr Lebensqualität, Ablenkung vom Alltag, Ruhe und Zufriedenheit, aber auch Stolz über die Erfolge, wenn Kräuter, Salat und Gemüse in der eigenen Küche verwertet werden.

2. Man muss nicht Gartenbau studiert haben, um erfolgreich seine Lieblingsblumen, sein Lieblingsgemüse, duftende, wohlschmeckende Kräuter oder gar Beeren, Obst, Kartoffeln oder Pilze auf Balkon oder Terrasse zu kultivieren.

Auch ein noch so kleiner „Selbstversorgerbalkon“ vermittelt ein Verständnis für natürliche Abläufe. Dabei gilt es auch, den Respekt und das Wissen über häufig ungeliebte Tiere wie Käfer, Spinnen oder Kellerasseln zu erlernen. Diese Tiere sind keine „Schädlinge“, sondern erfüllen eine wichtige Aufgabe im System der Natur. Insekten aller Art stellen die wichtigste Nahrungsquelle für die von uns geliebten und geschätzten Vögel dar, deren Gesang und deren Gezwitscher wir so gerne hören. Ohne Insekten haben sie jedoch keine Überlebenschance.

Laut der „Krefelder Studie“ sind seit 1989 mehr als 75 % aller Insektenpopulationen verschwunden. Die Wissenschaftler des Entomologischen Vereins Krefeld haben in nahezu 30 Jahren Forschung nachgewiesen, dass ohne Insekten der gesamte Naturkreislauf zusammenbrechen würde.

Die Permakultur verfolgt ein ganzheitliches, naturnahes Prinzip. Ihr Ziel ist es, dass ein achtsamer und ressourcenschonender Umgang mit der Natur zum Lebensprinzip erhoben wird. Sie unterstützt eine lustvolle Lebensphilosophie, die zukunftsorientiert ausgerichtet ist.

Durch die Tätigkeit des Gärtnerns lassen sich ein neues Gefühl, ein neuer Zugang und eine höhere Wertschätzung für die Natur und deren Zusammenhänge, für Lebewesen und auch für die selbst erzeugten Produkte gewinnen. Balkon, Terrasse oder ein Kleinstgarten, auf denen größtmögliche Artenvielfalt vorhanden ist, entwickeln sich dabei zu einem lebendigen Mikrokosmos.

3. Glücksgefühle sind für das Immunsystem von großer Bedeutung. Damit wird die Resilienz positiv unterstützt. Das Zauberwort „Resilienz" beschreibt eine gute physische und psychische Widerstandsfähigkeit. Gestärkt wird sie etwa durch Erfolgserlebnisse – und die bieten sich beim Urbanen Gärtnern zuhauf: Ob beim Betrachten, beim Naschen von Beeren oder beim Ernten von Kräutern und Gemüse – von Tag zu Tag und immer wieder aufs Neue ergeben sich Möglichkeiten, um mit kleinem Einsatz große Glücksgefühle auszulösen.

Gerade in besonderen oder schwierigen Lebenssituationen kann das Balkongärtnern Erholung und Entspannung bringen. Beim Hantieren mit Erde, beim Betrachten des Wachsens und Werdens von Pflanzen und inmitten zauberhafter Düfte von Lavendel, Rosmarin oder Basilikum relativieren sich manche Probleme. Zudem kann sich selbst auf einem kleinen Balkon durch die „verwertbaren Ergebnisse" ein neuer Bezug zu Natur und Naturkreisläufen ergeben.

4. Wer selbst mitunter zeitaufwändig Salat, Gemüse, Blumen aussät, pikiert, kultiviert und sein eigenes Saatgut produziert, entwickelt eine neue Wertschätzung für Lebensmittel. Durch die eigene Tätigkeit wird bewusst, wie viel Zeit, Pflegeaufwand, Energie, Verantwortung für Pflanzen und für die Herstellung von eigenen Lebensmitteln notwendig ist. Daraus kann resultieren, dass das eigene Konsumverhalten kritisch hinterfragt wird. Wer eine Wertschätzung für ökologisch zertifizierte Lebensmittel entwickelt hat, wird weniger leichtfertig große Mengen Billig-Lebensmittel aus dem Discounter kaufen oder wegwerfen.

5. Seit Jahren steigen aufgrund des Klimawandels die Temperaturen weltweit an. Das zeigt sich vor allem in Wettereskapaden wie Stürmen, Überschwemmungen, Trockenheit und Dürre, die inzwischen auch den gesamteuropäischen Raum erreicht haben.

Selbst ein noch so kleiner Balkon kann mit einer optimalen Bepflanzungsstrategie einen Beitrag zum Klimaschutz leisten: Durch die üppige, dichte Bepflanzung reduziert sich nämlich auf dem Balkon die Temperatur und verbessert dort das Kleinklima spürbar. Generell tragen alle Pflanzen aufgrund ihrer Verdunstungsleistung und ihres hohen Reflektionsgrades der Sonnenstrahlung von ungefähr 99 % zur Wärmereduktion bei. Große Blattmassen, wie wir sie etwa bei Zucchini- oder Kürbispflanzen oder dem üppigem Laub von Weintrauben, Bohnen und Erbsen finden, verdunsten viel Wasser und regulieren dadurch Hitze. Sie spenden Schatten und reduzieren so die sommerliche Wärme auf ein erträgliches Maß.

6. Die Methoden der Permakultur in diesem Buch bieten eine solide Basis für Urbanes Gärtnern, die auch für AnfängerInnen gute Erfolge ermöglicht.

Permakultur

Dauerhafte Landwirtschaft oder Landnutzung im Sinne eines nachhaltigen und sich selbst erhaltenden Gartens.

Zur Philosophie von Permakultur zählt das Verständnis von natürlichen Prozessen sowie von Zusammenhängen innerhalb der Natur und Wechselwirkungen mit unseren Handlungen. Permakultur schließt zudem Themen wie Gesundheit, Wohnen, Architektur, Kultur, Soziales und alle anderen Lebensbereiche mit ein. Naturnahe, nachhaltige Planung und eine größtmögliche Artenvielfalt tragen im Wesentlichen zum Erfolg des Balkongärtnerns bei.

GRUNDLAGEN

Gärtnern auf kleinstem Raum

Auch in der Stadt können Sie sich eine grüne Oase erschaffen – selbst wenn Sie nur einen Balkon oder eine Terrasse zur Verfügung haben. Die besondere Herausforderung ist gleichzeitig der Reiz des Ganzen: Wie nutze ich wenige Quadratmeter optimal und verwandle sie in ein kleines Paradies, das auf nachhaltige Weise köstliches Obst, Gemüse und gesunde Kräuter hervorbringt?

Der „grüne Daumen" besteht aus Aufmerksamkeit und Zuwendung.
Anke Maggauer-Kirsche
(dt. Lyrikerin, *1948)

Gärtnern ist kein Hexenwerk. Es bedeutet letztlich, sich einzulassen auf die Vorgänge der Natur. Das Credo der Permakultur lautet: „Gärtnern mit der Natur – nicht gegen sie".

Angesichts der unnatürlichen Situation für die Pflanzen – sie wachsen im Topf und nicht im lebendigen Gartenboden – ist es wichtig, ihnen reichlich Raum zum Wurzeln sowie gesunde Erde zu geben, aus der sie mit wichtigen Nährstoffen versorgt werden. Es kommt daher besonders darauf an, dass die verwendeten Pflanzgefäße groß genug sind. Mit den Methoden der Permakultur wird die Erde aufgewertet, Ihre Pflanzen gedeihen ökologisch und ohne Giftstoffe.

Den vorhandenen Platz erweitern Sie, indem Sie neben dem horizontalen Raum – also der Bodenfläche –, auch den vertikalen einsetzen; Sie gärtnern also „nach oben".

Wenn Sie sich mit Permakultur auf kleinem Raum beschäftigen, wird das Ihr Balkonerlebnis erheblich verändern. Sie werden fasziniert sein, wie sich Nachhaltigkeit, die mit Permakultur untrennbar verbunden ist, auch zu Hause umsetzen lässt.

Auf der Bundesgartenschau 2005 in München war ich mit einem eigenen Balkonprojekt vertreten: „Permakultur am Balkon – Der Naschgarten am Balkon". Obwohl der Balkon erst ab 1. Mai 2005 angelegt und bepflanzt wurde, konnten schon im Juni die ersten Kräuter und Salate geerntet werden. Auf einer Fläche von ca. 5 m² standen vier Obstbäume. Kartoffeln, Pilze, Kräuter, Pflücksalate und Blumen wuchsen in Mischkultur, an einer Pergola rankten sich Wein, Hopfen und Prunkwinde hoch. Selbst ein Vogelnistkasten fehlte nicht.
→ Fotos S. 148

VERTIKAL GÄRTNERN

Auf Balkonen wie Terrassen werden Blumen, Gemüse und Kräuter meist in horizontaler Weise – „nebeneinander“ bzw. auf einer Ebene– angebaut. Gerade wenn sehr wenig Raum zur Verfügung steht, bietet es sich jedoch an, horizontalen Anbau mit vertikalem zu kombinieren – also auch „in die Höhe“ zu planen. Dafür gibt es vielfältige Möglichkeiten. Geeignet sind unter anderem Rankgerüste und Spaliere, auch Hängeampeln bieten überaus reizvolle Gestaltungselemente, die wunderbar für Ästhetik und für Abwechslung sorgen.

> Auf meinen Balkonen sind große und kleinere Gefäße stufenartig angeordnet, sodass fast alle Pflanzen die gleiche Sonneneinstrahlung erhalten.

Für mehr Tipps → S. 31–33.

Auch mit stufenartigen Aufbauten wie diesem lässt sich der vertikale Raum auf Ihrer Terrasse oder Ihrem Balkon ausnutzen.

DACHTERRASSEN

In manchen Städten sieht man viele großzügig angelegte Dachterrassen. Sie bieten meist reichlich Platz für große Behältnisse. Allerdings gibt es dort andere Aspekte zu bedenken.

Dachterrassen sind meist nicht überdacht, sodass alle Wetterereignisse auf Pflanzen unmittelbar einwirken. Zu berücksichtigen sind – je nach klimatischen Gegebenheiten – sehr starke Sonneneinstrahlung und vor allem heftige und böige Winde.

Befindet sich eine Dachterrasse in einer Gegend mit sehr hoher Sonneneinstrahlung, wie etwa in und um Freiburg/Breisgau, sollten die Besitzer ihre Pflanzen danach auswählen. Je nach Größe der Terrasse und je nach Klimabedingungen (→ S. 68) lassen sich hier besonders wärmeliebende Gemüsearten heranziehen. Dazu gehören Artischocken, Auberginen, Chili- und Paprikaschoten, Okraschoten, Aprikosen. Selbstverständlich gedeihen hier auch alle mediterranen Kräuter wie Rosmarin, Thymian oder Lavendel.

Nachhaltig denken

Entsprechend der Philosophie der Permakultur sollte auch beim Balkongärtnern Müll vermieden werden. Aus diesem Grund werden idealerweise möglichst viele der benötigten Dinge wiederverwendet oder selbst gebaut.

In diesem Buch sind Möglichkeiten zum Recycling oder Upcycling mit dem Symbol gekennzeichnet.

Behalten Sie bei Ihrer Planung ständig im Auge, was Sie brauchen könnten. Unter GärtnerInnen, die etwas abzugeben haben, und solchen, die etwas benötigen, entstehen oft herzliche Kontakte.

> Permakultur bezieht das soziale Leben ausdrücklich mit ein: Kontakte pflegen, miteinander gärtnern, Erfahrungen austauschen – das ist ein lebenswichtiger Bestandteil unseres Daseins und der Permakultur.

RECYCLING

Für den Permakulturbalkon können Sie vieles gebrauchen, was sonst als Abfall entsorgt würde.

- Studieren Sie die kostenlosen Wochenblätter. Darin werden häufig verschiedene Materialien zum Abholen angeboten – selbst beste Gartenerde habe ich auf diese Weise bereits erhalten.
- Sie können natürlich auch selbst günstig inserieren.
- Fragen Sie im Bekanntenkreis nach großen Pflanzkübeln oder kleinen Gartengeräten wie Gartenschere, Schäufelchen, Grubber, größere Gießkannen.
- In vielen deutschen Städten existieren Gebrauchtwarenhäuser, wo man für wenige Cent sehr gut erhaltene, funktionierende Gartenartikel (ja, sogar Gartenzwerge) erwerben kann. Die Adressen finden Sie im Internet. Ein Besuch dort lohnt sich immer!
- Schauen Sie auf dem Sperrmüllplatz vorbei. Dort werden regelmäßig Holzhäcksel, Laub, Baumstämme, Gartenmöbel und Pflanzgefäße abgegeben. Die meisten Besitzer freuen sich über Ihr Interesse, die Dinge weiterzuverwenden. Nach einer gründlichen Reinigung entpuppen sich solche „Geschenke" oft als wahre Hingucker. Vielleicht benötigt ein alter Gartenstuhl nur etwas frische Farbe, und Sie beleben dadurch eine Antiquität wieder – wer weiß?
- Gartenbesitzer schneiden ihre Bäume meistens im Herbst und im Frühjahr und bringen die Abschnitte zum

Sperrmüll. Fragen Sie also dort oder in den umliegenden Gärten nach.

- Sie können auch auf Ihren Spaziergängen darauf achten, wo Bäume gefällt werden, und die Forstarbeiter bitten, Ihnen das Holz zu überlassen, evtl. bereits in von Ihnen benötigten Maßen (→ S. 123) zugeschnitten.

UPCYCLING

Wenn Sie etwas für Ihren Permakulturbalkon oder Ihre Terrasse selbst herstellen – beispielsweise Pflanztaschen, Spaliere oder eine Wurmkiste –, vermeiden Sie nicht nur Müll und wandeln vielleicht nutzlose Wegwerfartikel in neuwertige Produkte um; Sie können auch gleich die gewünschte Größe festlegen. Sollte sich anschließend herausstellen, dass Sie sich verrechnet haben, können Sie Ihr Werk nach Wunsch anpassen. Und im schlimmsten Fall würde auch die Entsorgung nicht so schmerzen wie bei neu Gekauftem.

Nahezu überall gibt es **Repaircafes.** Warum nicht auch andere Gegenstände reparieren, herstellen oder erneuern als nur Staubsauger, Kaffeemaschinen, Radios? Warum nicht kleine Werkzeuge wieder aufarbeiten, abgebrochene Stiele erneuern oder Gartenscheren schleifen? Im Münchener **Haus der Eigenarbeit (HEi)** etwa, das zum deutschlandweiten Verbund Offener Werkstätten e.V. gehört, kann man seit Jahrzehnten lernen, wie man selbst etwas baut, näht, repariert und modifiziert. Erkundigen Sie sich nach Reparaturkursen für GärtnerInnen oder organisieren Sie selbst welche. So helfen Sie mit, Ihre Gerätschaften lange benutzen zu können.

Cradle to Cradle (C2C)

Seit vielen Jahren entwickelt sich international die **Cradle-to-Cradle**-*Bewegung („von der Wiege zur Wiege", abgekürzt: C2C). Ebenso wie der Slogan „Abfall war gestern" besagt sie, dass heutzutage nichts mehr für den Müll – also „von der Wiege zur Bahre" (engl.* from cradle to grave*) – produziert werden soll. Einer der Pioniere der Bewegung, Michael Braungart, proklamiert eine neue industrielle Revolution, in der alle Produkte nur noch so intelligent hergestellt werden, dass sie biologisch oder technisch zur Gänze wiederverwertet werden können. Aus Abfall sollen so immer wieder verwertbare Nährstoffe „geboren" werden.*

Wo die Natur nicht will, ist die Arbeit umsonst.
Seneca (röm. Philosoph, 4 v. Chr.–65 n. Chr.)

Wenn Sie also Balkon, Terrasse oder Wohnung neu bestücken, denken Sie auch gleich an das Ende der eingeplanten Produkte und überlegen Sie, ob sich diese rückstandslos in eine Kreislaufwirtschaft einfügen lassen. In diesem Kontext ist die Permakulturmethode ebenso zu sehen wie der ökologische Fußabdruck und die Klima- sowie die Nachhaltigkeitsdebatte. Bei der Ausstattung und Gestaltung unserer grünen Oasen sollten wir diese nachhaltigen und zukunftsfähigen Themen unbedingt mit einbeziehen.

Denn auch wenn sich beim Einkaufen kurzfristig ein nettes Gefühl einstellen mag – meist löst es sich hinterher recht schnell in Luft auf. Ist das wirklich Grund genug, um den Konsumkreislauf in Schwung zu halten?

Schritte zum erfolgreichen Gärtnern

IDEEN SAMMELN

Legen Sie sich zunächst für Ihre Gedanken und Wünsche ein kleines Balkontagebuch (bzw. „Terrassentagebuch“) zu. Nur allzu leicht vergessen Sie nämlich Ideen, Einfälle oder auch Tipps, die Sie von Freunden erhalten und für gut befinden. Kaufen Sie ein schönes, stabiles Büchlein, das Sie gern benutzen.

Im Balkontagebuch notieren Sie:

- Wünsche, Ideen und Tipps
- Was hat gut geblüht/ist besonders gut gediehen, was nicht?
- Wie haben die Pflanzen auf welches Wetter reagiert?
- Welche Pflanzen wurden zu groß?
- Welche Sorten haben sich bewährt?
- Gab es Krankheiten? Falls ja, welche?
- Welche Pflanzen wurden krank? Wie wurden sie behandelt? Mit welchem Erfolg?
- Welche Gemüsesorten, Salate oder Blüten haben gut geschmeckt?
- evtl. Liste der geernteten Samen

Das Büchlein wird im Lauf der Zeit ständig ergänzt und erweitert, sodass es ein umfassendes Nachschlagewerk für Sie sein wird!

Stellen Sie sich jetzt vor Ihrem inneren Auge Ihre spätere grüne Oase vor. Lassen Sie Einfälle zu. Es ist wunderbar, wenn Ihr Kopf vor lauter Kreativität Kapriolen schlägt. Da ist es nebensächlich, dass sich manche Ideen nicht sofort umsetzen lassen.

UMSETZUNG PLANEN

Wenn die Planung konkreter wird (→ S. 24), treten praktische Fragen in den Vordergrund: Wie sind die Bedingungen, was ist auf Ihrem Balkon bzw. Ihrer Terrasse möglich?

- Je kleiner der Balkon, desto weniger Pflanzgefäße lassen sich dort unterbringen. Ein Optimum erreichen Sie, wenn Sie horizontale und gleichzeitig vertikale Bepflanzung nutzen.
- Die Pflanzenauswahl hängt in erster Linie von der Himmelsrichtung ihres Balkons bzw. Ihrer Terrasse ab. Ideal ist Süd- und Westseite. Doch selbst für Ost- und Nordbalkone lassen sich

Wünsche umsetzen. Hier benötigen Sie Pflanzen, die mit wenig Sonne auskommen (→ S. 62).

- Stark verschattete Balkone schränken ebenfalls die Pflanzenauswahl ein.
- Bei ausgesetzten, windanfälligen Terrassen und Balkonen sollten Sie möglichst einen Windschutz einplanen.
- Bei starker Sonneneinstrahlung ist ein Sonnenschutz empfehlenswert.
- Falls ein Sichtschutz gewünscht oder nötig ist, sollte er jetzt auch geplant werden.

Auch Ihre persönliche Situation ist wichtig:

- Wie viel Zeit möchten Sie investieren, um sich um die Pflege der Pflanzen zu kümmern?
- Sind Sie beruflich stark eingespannt oder oft auf Reisen?

Planen Sie gründlich und treffen Sie die notwendigen Vorbereitungen für das Anpflanzen. Prüfen Sie bei An- oder Umbauten, ob ein Wasser- oder ein Elektroanschluss nötig und möglich ist. Hierbei sollen Sie sich unbedingt mit dem Eigentümer der Wohnung bzw. des Hauses abstimmen.

Das Schöne am Frühling ist, dass er immer gerade dann kommt, wenn man ihn am dringendsten braucht.
Jean Paul
(dt. Dichter, 1763–1825)

ANPFLANZEN

Spätestens im Frühjahr wird der Wunsch nach Selbstversorgung, nach eigenem Obst und Gemüse, frischen Beeren und Kräutern immer dringlicher. Mithilfe Ihrer Wünsche im Balkontagebuch und der Pflanzenlisten in diesem Buch (→ ab S. 79) haben Sie inzwischen Obst- und Gemüsesorten, Salat, Kräuter und Blumen ausgewählt, die Sie auf Ihrem Balkon bzw. Ihrer Terrasse anbauen möchten. Jetzt beginnt das Abenteuer Ihres eigenen „Naschgartens“, den Sie mit nachhaltigen Mitteln selbst bewirtschaften.

Mit Ihrem Erfahrungszuwachs werden sich von Jahr zu Jahr immer neue Gemüse-, Salat- oder Blumensortenwünsche hinzugesellen.

Technische und rechtliche Bedingungen

Allzu häufig wird bei der Planung übersehen, welche Maßnahmen, Eingriffe und Veränderungen erlaubt oder verboten sind. Denn die Gestaltung von Balkon und Terrasse ist bis zu einem gewissen Grad in der Hausordnung geregelt, sowohl für MieterInnen als auch für EigentümerInnen.

- Hausverwaltungen oder Vermieter verbieten häufig Eingriffe und Veränderungen, da Schäden am Bauwerk befürchtet werden.

  Damit vertikale Bauten wie Pergolen, Spaliere oder Scherengitter wetter- und windbeständig sind, müssen sie jedoch (evtl. mit Dübeln) fest verankert und stabilisiert werden. Sollte dies eigentlich verboten sein, lohnt ein Gespräch mit dem Vermieter, bei dem Sie erläutern, welche Maßnahmen Sie planen und wie Schrauben und Dübel gesetzt werden müssen.
- ✕ Untersagt ist auf alle Fälle, Befestigungen in Wärmedämmungen an der Außenfassade anzubringen. Das könnte sonst sehr teuer werden.
- Häufig ist es verboten, Blumenkästen an der Balkonbrüstung nach außen zu hängen. Nach innen dürfen sie dagegen fast immer gehängt werden. (Je grüner mein Balkon wurde, umso weniger sind übrigens die nach außen gehängten Kästen aufgefallen.)
- In jedem Fall ist darauf zu achten, dass kein Gießwasser auf den darunterliegenden Balkon tropft oder die Balkonbrüstung hinunterläuft.
- Leider mögen es die wenigsten Nachbarn, wenn ihr Balkon von den Kletterpflanzen anderer umrankt wird.
- Es darf nicht grundsätzlich untersagt werden, dass MieterInnen Balkone oder Terrassen üppig bepflanzen. Allerdings kann im konkreten Fall zu viel überhängendes Pflanzenmaterial durchaus beanstandet werden.
- Bei einem Auszug muss von Mietern der ursprüngliche Zustand eines Balkons wiederhergestellt werden.

Bei Eigentumswohnungen gelten häufig noch andere Rechte der Hausgemeinschaft. Veränderungen am Objekt werden hier unter Umständen streng gehandhabt. Ein Blick in die Unterlagen oder eine Anfrage an die Hausverwaltung kann sehr hilfreich sein.

- Beim Aufstellen von großen, schweren Pflanzgefäßen darf die maximale

Traglast in kg/m² nicht überschritten werden. Dazu berechnet man das Gesamtgewicht von Gefäß + Erde + Pflanzen + Wasser. Wie viel Gewicht ein Balkon tragen kann, hängt von seiner Beschaffenheit ab. Angehängte Balkone an alten Häusern können meist nicht so viel Gewicht tragen wie Balkone in neueren Häusern, die in einem Stück mit dem Fußboden betoniert wurden.

Die Traglast (einschließlich Personen) beträgt

- bis zu 150 kg/m² bei angehängten Balkonen
- bis zu 250 kg/m² bei durchbetonierten Balkonen.

VORBEREITUNG

Die Gestaltung planen

Nun wird's ernst: Wenn Sie sich für die Permakultur entschieden haben und ihre Wünsche und Ideen im Balkontagebuch gesammelt haben, sollten Sie zügig mit der konkreten Planung beginnen.

SKIZZE ANFERTIGEN

Skizzieren Sie die zu gestaltende Balkonfläche einigermaßen maßstabsgetreu auf ein Blatt kariertes Papier oder Millimeterpapier. (Verwenden Sie zum Beispiel pro Meter 4 Kästchen oder 4 cm).

Zeichnen Sie dann die geplanten Elemente in die Skizze ein.

Wichtige Fragen

- Wie viele Sitzplätze sollen entstehen? An welcher Stelle?
- Wie viel Platz steht für Pflanzgefäße zur Verfügung? (Vergessen Sie nicht, genügend freien Raum zum Durchgehen einzuplanen!)
- Wie viele Pflanzgefäße in der benötigten Größe (→ S. 30) passen auf Ihren Balkon/Ihre Terrasse?
- Wo sollen die Gefäße platziert werden? Wie können runde und eckige, niedrige und höhere miteinander am besten kombiniert werden, ohne dass zu viel Platz verloren geht?
- Inwiefern lässt sich Vertikalanbau nutzen: Wo lassen sich Rankhilfen und Spaliere (Scherengitter, Fächerspaliere) aufstellen und befestigen?

Planen Sie großzügig – enger wird es meist von selbst, wenn die Lust am Gärtnern und am Genießen Ihrer grünen Oase wächst.

GEGEBENHEITEN PRÜFEN

Nun gilt es, die unveränderlichen Rahmenbedingungen zu betrachten, damit Sie am Ende die passende Pflanzenwahl treffen können.

Lage des Balkons

- In welche Himmelsrichtung liegt der Balkon?
- Lichtverhältnisse: In welcher Etage befindet sich der Balkon?
- Gibt es Bereiche auf Balkon bzw. Terrasse, die verschattet sind (durch Bäume oder Häuser)?
- Ist der Balkon/die Terrasse überdacht, teilüberdacht oder nicht überdacht? Erhalten die Pflanzen Regen oder müssen alle gegossen werden?
- Ist ein Wasseranschluss für eine Bewässerungsanlage vorhanden bzw. technisch möglich?

  Speziell auf Dachterrassen bietet es sich an, einen Wasseranschluss mit einzuplanen. Für die großen Gefäße können Sie so eine Bewässerungsanlage installieren, falls Sie nicht ständig zu Hause sind oder öfter verreisen.

Befestigungsmöglichkeiten

Auch die zunehmend starken Winde aufgrund des Klimawandels sind zu berücksichtigen – es dürfen keine Gegenstände von der Terrasse oder dem Balkon weggeweht werden. Betroffen sind vor allem Spaliere und Rankgerüste, an denen z. B. Bohnen, Weintrauben, Obstgehölze oder Kletterrosen hochwachsen. Alle diese Gerüste müssen befestigt oder verankert sein und jedem Sturm trotzen können.

- Lassen sich Rankhilfen, Blumenampeln etc. sicher befestigen?
- Bei starker Sonneneinstrahlung: Ist eine Markise vorhanden? Kann ein Sonnenschirm befestigt werden?
- Bei starkem Wind: Lässt sich ein Windschutz anbringen?
- Ist ein Sichtschutz gewünscht? Inwieweit kann er mithilfe von Stangenbohnen (die sehr dicht wachsen), einem Obstspalier oder Weinranken gestaltet werden?

Bewässerungsmöglichkeiten

Es ist hilfreich, wenn Sie sich die Bewässerung der Pflanzen etwas vereinfachen können. Dafür gibt es mehrere Optionen. Prüfen Sie, welche Option in Ihrer Wohnsituation praktikabel ist.

- **Balkonkästen mit Wasserreservoir** (grundsätzlich empfehlenswert!)
- **Bewässerungsanlagen** aus dem Handel benötigen einen direkten Wasseranschluss. Falls kein Anschluss am Balkon vorhanden ist, müsste der Schlauch von Bad oder Küche ins Freie geführt werden. (Das ist etwas unpraktisch, aber möglich; Fenster oder Tür lassen sich dadurch allerdings nicht abschließen.)

  Die **Tröpfchenbewässerung** funktioniert nicht immer einwandfrei; die kleinen Düsen sind sehr empfindlich und manche geben zu viel, andere zu wenig Wasser ab; es muss öfter nachjustiert werden.
- **Regentonne, Wassertank, Zisterne:** Mittels eines großen – etwas höher gestellten– Wasserbehälters können Sie entweder mit dickeren Stoff- bzw. Wollfäden oder mit dünnen Schläuchen, deren Enden sowohl in der Erde als auch im Wassertank befestigt sind, die Pflanzen selbstständig mit Wasser versorgen.

  Wer eine Terrasse besitzt, sollte prüfen, ob eine **Regenrohrklappe** am Regenrohr befestigt werden kann (→ Illustration rechts). Gewicht der Regentonne beachten!
- **selbstgebaute „Gießhilfen"** (Anleitungen und notwendiges Zubehör → S. 122)

  (1) Plastikflaschen und Tonkegel für eine dreitägige Abwesenheit

  (2) „Hügelbeet" im Pflanzgefäß ist eine langfristige Lösung aus dem Gartenbau, bei der die Pflanzen mit wertvoller Erde versorgt werden. Etwas komplizierter zu bauen, aber es lohnt sich!

Wenn Sie sich für eine oder mehrere dieser Lösungen entscheiden, sollten Sie jetzt schon mit der Beschaffung der notwendigen Materialien beginnen.

MATERIALIEN SAMMELN

Da in der Permakultur möglichst wenig neu gekauft werden sollte, halten Sie jetzt schon die Augen offen nach Materialien und Dingen, die für Ihren Balkon oder Ihre Terrasse nützlich sein könnten. Bevor Sie zu Hause etwas wegwerfen, fragen Sie sich, ob Sie es noch zum Gärtnern verwenden oder umfunktionieren könnten. Manches können Sie vielleicht sogar mehrfach einsetzen.

Ich habe auf dem Sperrmüllplatz einmal von einem Schreiner mehrere große Säcke mit feinsten Holzspänen und Holzmehl von Drechselarbeiten mitgenommen, die ich dann für die verschiedensten Dinge verwenden konnte: zum Beispiel zum Mulchen (→ S. 120), für das Ansetzen einer Pilzzucht und für die Wurmkompostierung (→ S. 49).

Auf → S. 15 finden Sie Hinweise, wie und wo gebrauchte Materialien sogar kostenlos erhältlich sind.

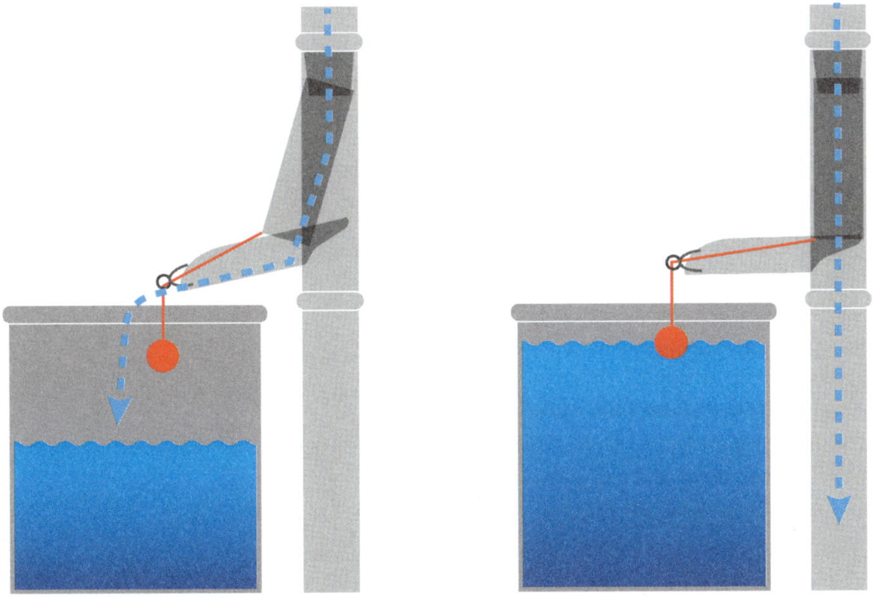

Wer in einer Regentonne Wasser sammeln kann, für den empfiehlt sich eventuell eine Regenrohrklappe mit Schwimmer: Wenn die Regentonne voll ist, schließt die Klappe automatisch.

Ausstattung für den Balkon

Balkon und Terrasse erfahren seit vielen Jahren unglaubliche Wertschätzung. In ihrer Ausgestaltung spiegeln sie den individuellen Lebensstil ihrer Besitzer wider. Und diese lassen sich das etwas kosten: Fast 12 Milliarden Euro werden pro Jahr für Pflanzen und Gartenzubehör ausgegeben. Nicht immer ist das Geld jedoch optimal angelegt.

PFLANZGEFÄSSE

Sollten Sie keine passenden Pflanzgefäße zur Verfügung haben, finden Sie in Gartencentern eine große Auswahl.

> Zu Beginn haben wir auf meinem Permakulturbalkon geschenkte Holzkisten (Länge x Breite x Höhe 60 x 40 x 40 cm) bepflanzt, die vorher in Kindergärten benutzt wurden, um Spielzeug zu verstauen. Die Kisten waren nur außen rot lackiert. Da sie mit Rädern ausgestattet waren, konnten sie zum Reinigen des Balkons leicht verschoben werden.

Material

Auf der Basis meiner langjährigen Erfahrung empfehle ich zum Bepflanzen Kunststoff- bzw. Holzgefäße oder glasierte Behälter.

Holzgefäße, die aus heimischen Hölzern (Fichte, Kiefer, Lärche, Kastanie) bestehen, sind am nachhaltigsten, da sie sich an ihrem Lebensende entweder kompostieren lassen (vorausgesetzt, sie sind nicht gebeizt) oder anderweitig im Naturkreislauf CO_2-neutral verwendet werden können. Sie sind allerdings nicht sehr langlebig. Die Holzinnenseite muss präpariert oder mit einer Teichfolie ausgekleidet werden. Ein Nachteil ist, dass Holzgefäße relativ schwer sind.

Holzgefäße für Pflanzen sind meist nachhaltig, aber sehr schwer zu bewegen.

Um schwere Gefäße verschieben zu können, sollten Sie sie auf Rolluntersetzer oder Rollbretter stellen.

Es gibt sehr gute doppelwandige **Gefäße aus Kunststoff** oder Fiberglas, die jedoch sehr teuer sind. Sie bieten für die Pflanzen im Winter einen guten Frostschutz, sind zudem langlebig und ästhetisch. Steht auf dem Behälterboden „PP“

(Polypropylen), enthält der Kunststoff keine Weichmacher. Kunststoffgefäße haben darüber hinaus kaum Gewicht und lassen sich, sofern sie auf Rolltellern stehen, jederzeit ganz leicht bewegen. Aus ökologischen Gesichtspunkten sollten Kunststoffe allerdings vermieden werden, da sie ein Erdölprodukt sind und ihre Entsorgung somit ein Problem darstellt.

✕ Von den optisch sehr schönen Terrakottagefäßen rate ich mittlerweile gänzlich ab. Meist wurden sie nicht stark genug gebrannt, um mehr als ein paar Jahre ohne Frostrisse zu überstehen. Außerdem ist ihr Gewicht enorm – große Gefäße (LBH 80 x 80 x 80 cm) lassen sich kaum noch bewegen.

Weitere Alternativen sind **glasierte Töpfe.** Sie wirken meist sehr formschön und sind ausgesprochen langlebig. Ihr Gewicht ist allerdings ebenfalls beachtlich.

✕ Nicht zu empfehlen sind die zweigeteilten bunten Töpfe, die man auf Balkonbrüstungen aufstecken kann. Sie bieten zu wenig Raum für Wurzeln und können kaum Wasser speichern. So muss ständig gegossen werden – die Pflanzen erhalten mal zu wenig und mal zu viel Wasser, was für sie Stress bedeutet.

Farbe

Seit einiger Zeit werden sowohl Sitzmöbel – viel zu groß dimensioniert – als auch Pflanzgefäße in schwarzem Plastik-Korbgeflechtstil angeboten. Ebenso sind Pflanzgefäße in Anthrazit in Mode.

✕ Diese Ungetüme sollten Sie nur kaufen, wenn Sie Ihre Pflanzen am Balkon kochen statt wachsen lassen möchten. Die **Farbe Schwarz** speichert Wärme – dadurch wird das Pflanzgefäß völlig überhitzt, sodass die Erde nicht nur rasch austrocknet, sondern selbst mediterrane Pflanzen, die eigentlich Sonne brauchen, einen Hitzeschock erleiden und ins Pflanzennirwana abdriften.

✕ Auch schwarze Maurerkübel sollten Sie keinesfalls verwenden: Die darin enthaltenen Weichmacher würden in die Pflanzen und damit in Ihr Essen gelangen.

Form

Verwenden Sie **eckige Töpfe.** Darin lässt sich der Wurzelraum für die Pflanzen optimal ausnutzen. Runde Töpfe sind schön, aber ineffektiv. Durch ihre Form, die nach unten sogar schmaler wird, geht viel Wurzelraum verloren. Zudem fallen zwischen runden Töpfen Erde und Pflanzenmaterial zu Boden.

Eckige Töpfe bieten maximalen Wurzelraum und man kann sie nahtlos aneinanderreihen.

Sollten Sie in Ihrem Fundus schon große, teure Töpfe haben – auch wenn diese rund sind –, arbeiten Sie vorerst damit.

Größe

Selbst auf Balkonen, die nur zwei oder drei Quadratmeter groß sind, sollte allen Pflanzen **ausreichender Wurzelraum** zur Verfügung stehen. Das verhindert Stress und Krankheiten bei Pflanzen.

Ein großes Gefäß speichert Wasser viel länger, der Wurzelraum trocknet nicht so schnell aus. Tiefwurzler gedeihen gut und es muss weniger oft gegossen werden. Selbst die Erde braucht in großen Töpfen nicht jährlich ausgetauscht und erneuert zu werden, weil die Nährstoffe nicht so schnell von den Pflanzen aufgebraucht sind.

Grundsätzlich sollten in der Permakultur verschiedene Kulturen zusammen in der gleichen Erde wachsen (→ S. 73), und zwar sowohl mehrjährige als auch einjährige Pflanzen. In großen Gefäßen mit 100 cm Höhe fühlen sich mehrere Pflanzen zusammen wohl, sogar Obstgehölze. Man kann darin tiefwurzelnde, mittelwurzelnde und auch flachwurzelnde Pflanzen aus verschiedenen Pflanzenfamilien bestens kombinieren. Schöner Nebeneffekt: Sie verlieren nicht so schnell den Überblick und sind seltener mit Gießen beschäftigt.

Es gibt jedoch auch Ausnahmen: Pflanzen, die lieber ein Eigenleben führen, sollte man separat in Extragefäßen belassen. Dazu gehören vor allem Pfefferminzarten: Ihre Wurzeln breiten sich schnell aus und würden andere Pflanzen verdrängen. Doch auch die Pfefferminze bevorzugt einen größeren Topf, wo ihre Wurzeln genügend Platz zum Entwickeln haben.

Salbei kann, muss aber nicht allein leben und entwickelt sich sehr gut in einem großen Gefäß. Auch Mangold, Salate, Bohnen oder Erbsen können mit dieser Topfgröße leben, da sie einjährig sind.

Balkonkästen für die Brüstung sollten mindestens 25 cm hoch und 20 cm breit sein, damit darin „Pflanzgemeinschaften" aus mehreren Arten gedeihen. Wenn die Balkonkästen mit einem Wasserreservoir ausgestattet sind, können sich die Pflanzenwurzeln selbst versorgen.

Gefäße (Länge x Breite x Höhe)

- Topf für mehrere Pflanzen:
  (mindestens) 100 x 60 x 60 cm
- Topf für Obstbaum-Lebensgemeinschaften:
  (bis zu) 100/120 x 100 x 80 cm
- Topf für allein lebende und einjährige Pflanzen:
  (mindestens) 30 x 30 x 30 cm
- Balkonkasten:
  (mindestens) 60–80 x 20 x 25 cm

Für den vertikalen Raum

Bei geringer Grundfläche und besonders auf kleinen Balkonen bietet es sich an, nicht nur durch Balkonkästen den horizontalen, sondern auch den vertikalen Raum (→ S. 13) zu nutzen.

Sehr repräsentativ sind **Hängeampeln,** die an der Decke befestigt werden (bei starkem Wind sichern!). Darin gedeihen Zierpflanzen, etwa Fuchsien, ebenso wie Hängeerdbeeren oder Kapuzinerkresse. (Prüfen Sie, ob Bohren erlaubt ist.)

An den Wänden können **Pflanztaschen** befestigt werden. Das sind Taschen aus festem Stoff, die direkt mit Erde befüllt und dann mit Pflanzen bestückt werden.

Vertikale Pflanztaschen

Pflanztaschen lassen sich selbst herstellen. Verwenden Sie alte Textilien, Bettlaken, Kopfkissen, Schürzen, alte Hemden und Ähnliches. Für die Pflanztasche sollte der Stoff mindestens doppelt gelegt sein, damit weder Erde noch Wasser sofort durchrinnt. Je dicker und stabiler das Material, desto besser. Notfalls zusätzlich mit einem anderen festen Material auskleiden.

Falls Sie zum Auskleiden wasserundurchlässiges Material verwenden, stechen Sie kleine Löcher in die Unterseite, damit überschüssiges Wasser ablaufen kann.

Zusätzlicher Vorteil: So können Sie auch gleich die gewünschte Größe festlegen. Sollte sich anschließend herausstellen, dass die Pflanztaschen nicht optimal sind (etwa weil zu wenig Erde darin Platz hat, ständig gegossen werden muss und die Pflanzen trotzdem kümmerlich bleiben), können Sie die Taschen nach Wunsch anpassen. Und selbst die Entsorgung der Taschen wäre dann kein Unglück – Baumwolle, Leinen, Naturstoffe etc. lassen sich bestens kompostieren.

Im Handel gibt es **vertikale Hochbeete** zu kaufen. Doch **schmale Regale oder Bretter** sind ebenfalls zum Abstellen von kleinen Balkonkästen geeignet.

Auch gebrauchte **Paletten** können Sie zu solchen „Hochbeeten" umfunktionieren.

Falls Sie mehr Töpfe besitzen, als Sie momentan bepflanzen möchten, können Sie die unbenutzten Gefäße für den vertikalen Anbau nutzen: Drehen Sie sie einfach um und stellen die bepflanzten Gefäßen darauf.

Achten Sie bei der vertikalen Gestaltung immer darauf, dass alle Pflanzen so viel Sonne bekommen, wie sie brauchen (→ ab S. 62).

✕ Manche Menschen kaufen Pflanzsäcke, in denen Tomaten oder Kartoffeln kultiviert werden sollen. Aus Umweltgesichtspunkten sollte auf solche Wegwerfprodukte verzichtet werden: Wir sind bereits Weltmeister im Müllproduzieren, und alljährlich steigt unser Plastikabfall weiter an.

RANKHILFEN

Rankhilfen sind im Wesentlichen gitterartige Konstruktionen, die Kletterpflanzen Halt geben. Doch sie haben auch schöne Nebeneffekte: Sie sind ein ästhetisches, Raum schaffendes Element und unterstützen das vertikale Gärtnern. Zudem ergeben sie je nach Bedarf einen schönen Sicht- oder Sonnenschutz. Auch als Windschutz sind Rankhilfen oft gut geeignet.

Auf Terrassen können Sie mit Spalieren unterschiedliche Räume gestalten. Je nach Terrassengröße können so mehrere kleine „Gärten" entstehen, z. B. ein

Garten mit einjährigen Sommerblumen, ein mediterraner Kräutergarten oder ein Garten mit Mischkultur.

Was für Rankhilfen gibt es?

Im Handel finden Sie Rankhilfen aus verschiedenen Materialien, vor allem aus Holz, Bambus und Metall. Es existieren auch unzählige Größen, Formen und Ausführungen.

Die Grundformen, die sich für den Balkon eignen, sind:

- einfache Rankgitter bzw. Spaliere mit einem Rahmen aus mindestens zwei vertikalen Streben, die durch mehrere Querstreben verbunden sind. Auch Muster – Rauten, Karos etc. – sind möglich.
- Fächerspaliere, die oben breiter sind und sich nach unten verjüngen.
- Scherengitter aus rautenartig angeordneten Streben, die sich in die Breite ziehen lassen.

Von allen Grundformen gibt es verschiedenste Ausführungen – verspielte oder schlichte, nostalgische oder moderne.

Üblicherweise steckt man Spaliere bis zum Grund in das Pflanzgefäß. Bei der Entscheidung, wie groß Ihr Spalier sein soll, müssen Sie also nicht nur die Größe der Pflanze kennen, sondern auch die Höhe des Topfes mit einrechnen.

Rankhilfen selbst bauen

Sie können Rankhilfen auch ganz einfach selbst bauen. Stecken Sie dazu je nach zu erwartender Höhe der Pflanze 2–3 lange Stäbe in das Pflanzgefäß und verbinden Sie diese mit Querstreben aus Holz oder auch mit Schnüren.

Oder befestigen Sie an der Decke eine dicke Holzleiste – falls das ohne Schäden möglich ist – und bringen Sie daran Haken an. Von den Haken können Sie Schüre herunterhängen lassen, an denen sich die Pflanzen – zum Beispiel Bohnen – hochranken können.

Falls es nötig ist, die Decke anzubohren, sprechen Sie zuerst mit dem Vermieter, um sicherzugehen, dass das erlaubt ist.

Die Rankpflanze wird dann nur um die Strebe gewickelt und rankt sich selbstständig nach oben.

Pergola

Eine dreidimensionale Rankhilfe ist die Pergola. Sie besteht aus „Wänden“ und einem „Dach“, an denen sich beispielsweise Wein und Hopfen entlangranken können(→ Fotos S. 148). Auch auf Balkonen lassen sich Pergolen sehr gut anbringen – am Balkongeländer befestigen! –, weil sie dort den Stürmen nicht so stark ausgesetzt sind wie beispielsweise auf Dachterrassen.

Hilfsmittel für die Arbeit

Nicht nur für die Gestaltung des Balkons, auch für die Arbeit selbst brauchen Sie Werkzeug und Materialien. Diese sind ebenfalls kostengünstig und müllsparend zu bekommen (→ S. 15).

Auf dem Sperrmüll werden Gartengerätschaften, Kübel, Töpfe und Gießkannen abgegeben oder weggeworfen: Reinigen, entrosten, wiederverwenden – das entspricht der Permakulturphilosophie.

AUS DEM HAUSHALT

Vieles haben Sie – oder auch Menschen in Ihrem Freundeskreis – bestimmt schon zu Hause

Sammeln und Mischen

Heben Sie leere **Kübel, Eimer** und **Töpfe**, die Sie vermeintlich nicht mehr brauchen, auf. Sie können sie verwenden, um

- Mulchmaterial in der Natur zu sammeln (→ S. 36, 120)
- Erde zu mischen und zu verbessern (→ S. 125)
- Dünger herzustellen (→ S. 129)
- Gemüsewasch- und -kochwasser aufzufangen (→ S. 118).
- Regenwasser zu sammeln (→ S. 116)

Pflanzen und Lockern

Als Aussaatschalen eignen sich auch leere **Klorollen** und **Eierschachteln.**

Zum Einpflanzen und zum Auflockern der Erde müssen es am Anfang nicht der teure Spaten und die Profischaufel sein. Gebrauchte oder geschenkte Schäufelchen reichen zunächst völlig aus. In Ihrer Küchenschublade (oder im Keller) liegen sicherlich auch diverse Hilfsmittel, die den Zweck erfüllen, wie z. B. alte **Löffel** oder **Gabeln,** die Sie nur noch ungern benutzen.

Um abgestorbenes Pflanzenmaterial abzuschneiden, tut es statt einer Gartenschere auch eine alte – aber scharfe! – **Küchenschere.**

Befestigen und Stützen

Um Pflanzen an Spalieren oder anderen Rankhilfen zu befestigen, benötigen Sie **Schnüre, Bänder** und andere Bindematerialien, die Sie sicher auch in Ihrem Haushalt finden.

Zum Stützen (oder „Stäben“) hochwachsender Pflanzen sind **Stäbe** (vielleicht von ausrangierten Orchideen), dünne **Stöcke** oder **Pflöcke** vom letzten Spaziergang nötig.

Als **Stäben** bezeichnet man das Stützen einer Pflanze entlang eines passenden Stabes. Die Pflanze wird an mehreren Stellen festgebunden (wie man das allgemein von Orchideen kennt), damit sie nicht umknickt.

Gießen und Bewässern

Neben mehreren **Gießkannen** ist auch eine **Sprühflasche** (bzw. ein Nebelsprüher) praktisch. Dabei kann es sich um ein leeres, gut gereinigtes Sprühgerät handeln, in dem zuvor der Glasreiniger oder ein Spülmittel enthalten war.

Die Sprühflasche ist nötig, um

- die Erde für das Saatgut zu befeuchten
- organische Pflanzenschutzmittel wie Ackerschachtelhalmtee aufzusprühen

Wollen Sie eine „Gießhilfe" zur Vereinfachung der Bewässerung bauen, die Sie auf dreitägigen Kurzurlauben „vertritt", dann brauchen Sie je nach Gefäßgröße pro Pflanzgefäß 1–3 handelsübliche **Plastikflaschen** à 1,5 l, für kleinere Balkonhängekästen 2 Flaschen à 0,5 l oder 0,7 l, außerdem aus dem Gartencenter ebensoviele **Tonkegel zur Bewässerung** wie Flaschen. (Anleitung → S. 122)

Die **Säcke, in denen Erden verkauft werden,** können zum Auskleiden von Pflanzgefäßen dienen, ebenso wie **Vlies** oder **Schafwolle,** die man auch zum Abdecken der Pflanzen benutzt.

AUS NATUR UND GARTEN

Manche Dinge, die für Ihren Permakulturbalkon nötig sind, können Sie in der Natur sammeln – insbesondere organisches Material zur Verbesserung von Erde, zum Mulchen, zum Bewässern oder zum Herstellen von Humus bzw. Dünger.

Die Natur versteht gar keinen Spaß, sie ist immer wahr, immer ernst, immer strenge; sie hat immer recht, und die Fehler und Irrtümer sind immer des Menschen.
Johann Wolfgang von Goethe
(dt. Dichter, 1749–1832)

Im Frühjahr, wenn in den Gärten die Rasenmäher und die Häcksler rattern, schlägt Ihre große Stunde: Besuchen Sie die Gartenaktiven in der Umgebung und fragen Sie nach, ob Sie Gras, Laub, Häckselgut, Zweige und kleinere Baumabschnitte haben können. Die meisten Gartenbesitzer bringen das Beste ihres Gartens zum Wertstoffhof; nur wenige kompostieren Bio- und Gartenabfälle.

Sammeln Sie als Mulchmaterial:

- Grasschnitt / Heu
- Laub
- welkes / getrocknetes Pflanzenmaterial
- Holzspäne / Holzmehl
- Häckselgut von Strauch- und Baumschnitt
- Schafwolle
- für Pflanzen mit geringem Nährstoffbedarf: mineralisches Material wie Steinchen, Kies, Blähton, Ziegelsplitt

Falls Sie sich für eine dauerhafte Pflanzkonstruktion nach Art des Hügelbeets (Anleitung → S. 122) entscheiden, benötigen Sie außerdem **Gehölzabschnitte bzw. dünnere Baumstämmchen,** die Sie dicht an dicht auf den Gefäßboden schichten können:

- von Laub-, Obst- oder Nadelgehölzen wie Buche, Birke, Apfel, Birne, Kirsche, Fichte, Kiefer
- Durchmesser: 10–15 cm
- Länge: knapp 60 cm für kleine bis knapp 120 cm für große Gefäße (sie sollen möglichst dicht mit den Gefäßwänden abschließen)
- Menge: für große Gefäße gut zwei Lagen; in kleineren Gefäßen hat nur eine Schicht an Baumstämmchen Platz.
- ✕ **Achtung:** Von frischen Weiden und Haselsträuchern ist unbedingt abzuraten – sie würden wieder austreiben, selbst wenn sie fast trocken sind. Lassen Sie auch Thujen und Eiben liegen: Sie sind giftig und können das Pflanzenwachstum hemmen.

Die Erde

ERDE VERSUS SUBSTRAT

Das Wichtigste für ein gesundes Pflanzenwachstum ist – neben dem Sonnenlicht – sehr gute Erde. Sie versorgt die Pflanzen mit Wasser und den nötigen Nährstoffen. Und schon stellen sich mehrere Fragen:

- Was macht eine gute Erde aus?
- Woraus besteht sie?
- Woher bekommt man gute Erde für Balkon oder Terrasse?

Sprechen wir von Erde, denken wir meist an den **Erdboden** in Natur und Landschaft. Tatsächlich ist nur der natürliche Boden – auch im Garten – Erde.

Sprechen dagegen VerkäuferInnen im Gartencenter von „Erde", meinen sie in Wirklichkeit das **Substrat Erde,** also Erdgemische. Die richtige Auswahl bei Dutzenden von Angeboten zu treffen, ist nicht nur für AnfängerInnen eine Hürde: Brauche ich Blumen-, Kräuter- oder Gemüseerde? Soll es Bio-Erde, torfreduzierte oder torffreie Erde sein? Für jeden Sonderfall scheint es ein spezielles Produkt zu geben.

Bei der Entscheidung verlieren wir oft aus den Augen, wie lebendig der natürliche Erdboden ist. Die gleiche Lebendigkeit, die in der Gartenerde gegeben ist, benötigen wir auch auf unserem Balkon.

Unser **Erdboden** *ist das Ergebnis von Verwitterungsprozessen, die über Jahrtausende stattgefunden haben. In etwas tieferen Schichten befindet sich festes oder lockeres Gestein. Der Boden besteht zu etwa 3 % aus organischer Substanz, zu je 25 % aus Bodenwasser und Bodenluft sowie zu 47 % aus anorganischer mineralischer Substanz. Unzählige Arten kleinster Bodenlebewesen verändern bzw. bereichern die Erde.*

Durch Zersetzung und Verwitterung der anorganischen Gesteinspartikel und der organischen Bodensubstanzen entstehen einerseits Mineralien und Nährstoffe, die für Pflanzen lebensnotwendig sind. Andererseits bilden die organischen Bodensubstanzen fruchtbaren Humus. Der Boden stellt die Lebensgrundlage für Pflanzen, Tiere und Menschen dar. Mehr als 90 % der weltweiten Lebensmittelproduktion sind direkt vom Boden abhängig.

Im Zentrum der Permakultur steht der Boden sowie sein Erhalt bzw. Aufbau.

Da wir auf dem Balkon nicht den direkten Zugang zum Boden und seiner Erde haben, müssen wir uns mit gekauften Substraten behelfen und diese qualitativ aufwerten.

Der Vorteil von **echter Erde,** also **natürlich gewachsenen Böden,** ist, dass sie sowohl organischer (belebter) als auch anorganischer (unbelebter) mineralischer Natur sind.

Die darin lebenden Mikroorganismen, Viren, Bakterien, Pilze, Käfer, Regenwürmer etc. „humifizieren" den Boden: Sie bereiten durch die Zersetzung der organischen Stoffe eine pflanzenverträgliche Bodenflora und Bodenfauna, in der die Nährstoffe von den Pflanzen direkt aufgenommen werden können.

Wichtige **Nährstoffe und Mineralien,** die die Pflanzen zum Leben benötigen, sind unter anderem Stickstoff (N), Phosphat (P), Kalium (K).

Organische Masse beinhaltet

- verrottetes Laub
- Kuh-, Pferde-, Schweine-, Hühner-, Vogel- und Entenmist
- diverse Komposte aus organischem Material
- Pflanzenjauche

Zu **anorganischer mineralischer Masse** gehören Sand, Ton, Lehm und Löss. Sie hat Auswirkungen darauf, ob ein Boden „sauer" oder „basisch" ist. (→ S. 43)

ERDEN IM HANDEL

„Erden", die im Gartencenter gekauft werden können, sind immer Gemische oder **Substrate.** Sie werden aus verschiedenen Erden industriell hergestellt und gedämpft, d.h. lebende Organismen werden abgetötet. Zugleich werden Zuschlagsstoffe und Hilfserden beigemischt.

Es gibt eine unüberschaubare Anzahl solcher Substrate. Bei einem Blick in die Natur sehen wir jedoch unterschiedlichste Gehölze, Stauden, Blumen und Beerensträucher, die alle in der gleichen Erde wachsen und dort gedeihen, blühen und Früchte hervorbringen.

Folgende „Erden“ finden sich üblicherweise im Angebot:

Blumenerde besteht überwiegend aus organischen Bestandteilen wie Torf, Humus, Kalk, Düngemittel und Zuschlagsstoffen. Solche Kultursubstrate werden mittlerweile mit Holzfasern, Rinde, Kompost und diversen Recycling-Materialien erweitert. Allen Sorten werden auch Nährlösungen zugefügt. Für die Erstversorgung von Pflanzen ist Blumenerde bereits mit Mehrnährstoffdünger oder „NPK-Dünger“ (NPK steht für Stickstoff, Phosphat, Kalium) angereichert. Nach einiger Zeit muss nachgedüngt werden.

Universalblumenerde ist mit sehr viel Sand vermischt. Geeignet ist sie für Pflanzen mit wenig Wasserbedarf, wie Kakteen oder Sukkulentenarten – wasserspeichernden Pflanzen – wie z. B. Fetthenne. Solche Pflanzen sind auf dem Permakulturbalkon selten.

Einheitserde ist industriell hergestellt und wird überwiegend im Gartenbau eingesetzt. Sie wurde gedämpft (erhitzt) und ist von Krankheitserregern und Schädlingen frei. Sie kann bis zu 60–70 % Weiß- oder Hochmoortorf sowie bis zu 40 % Lehm und Ton enthalten. Je nach Verwendung werden diesen Erden verschiedene Nährstoffe beigefügt.

Pflanzerde ist ebenfalls ein industriell hergestelltes Substrat. Verwendet wird sie vorwiegend von Hobbygärtnern. Es handelt sich um ein humusreiches Substrat, das ein schnelles Wachstum der Pflanzen fördert.

Blumenerde, Einheitserde und Pflanzerde eignen sich grundsätzlich zum Einpflanzen aller Gewächse. Sie müssen aber torffrei sein.

Aussaaterde ist speziell für das Aussäen und für die Anzucht von Stecklingen oder Jungpflanzen geeignet. Sie enthält wenig Dünger.

Komposterden bestehen z. B. aus Rindenkompost, **Lauberden** aus verschiedenen Laubgehölzen. Die Sorte wählt man je nach Verwendung: Lauberde aus Buchenlaub enthält zum Beispiel mehr Kalk, Lauberde aus Erle mehr Kalium. Diese speziellen Lauberden muss man selbst sammeln und kompostieren.

Die in vielen Substraten enthaltenen **Zuschlagsstoffe** können Sand, Lehm, Ton, Urgesteinsmehl, Ziegelsplitt, Algenkalk, Holzkohle und anderes sein.

Problemfall Torf

Nahezu alle Erdsubstrate sind auf der Basis von Torf hergestellt – weil er billiger ist. Neben Torfanteilen von mitunter bis zu 90 % werden Zuschlagsstoffe wie Sand, Ton, Nährsalze und anderes beigefügt. Sie dienen dazu, die Struktur stabil zu halten: Sie sollen Verdichtung oder Verklumpung vermeiden, damit die Wurzeln ausreichend Sauerstoff erhalten. Zusätzlich muss die Erde Wasser gut speichern können.

Aus ökologischen Gründen empfehlen jedoch Naturschutzverbände wie NABU, LBV, BUND dringend, ausschließlich torffreie Erde zu verwenden:

- *Der Abbau von Torf zerstört wertvolle Moore, in denen seltene Tier- und Pflanzenarten leben. Diese sind an die nährstoffarmen, sauren Böden bestens angepasst und können auch nur in diesem Milieu existieren.*
- *Moore sind die wichtigsten CO_2-Speicher der Erde. Beim Torfabbau wird das klimaschädliche CO_2 freigesetzt.*

Ein intaktes Torfmoor in Finnland

- *Eine Torfschicht wächst etwa 1 Millimeter im Jahr. Mit der Entnahme von nur 1 Kubikmeter wird somit Moor und dessen Aufbau von mindestens 1000 Jahren zerstört!*

- *Nicht nur die Zerstörung der Moorflächen, auch die langen Transportwege – beispielsweise aus Skandinavien, den baltischen Staaten und der Ukraine nach Deutschland, Österreich und in die Schweiz – setzen große Mengen CO_2 frei, die für den Klimawandel mitverantwortlich sind.*

Für GärtnerInnen sind Torferden absolut vermeidbar – zumal sie sogar deutliche Nachteile haben:

- *Torf besitzt einen sehr niedrigen pH-Wert, macht also den Boden so sauer, dass dies für Balkon- und Gartenpflanzen unverträglich ist. Um den pH-Wert vom sauren ins basische Milieu zu erhöhen, muss Kalk (in verschiedener Form) zugegeben werden.*

- *Wenn hochprozentige Torferde einmal ausgetrocknet ist – zum Beispiel in kleinen Töpfen, die beim Gießen vergessen worden sind –, kann sie kein Wasser mehr aufnehmen. Dieses läuft dann einfach durch, aber die „Erde“ bleibt trocken.*

- *Torferde ist ungefähr 2 °C kühler als normale Erde.*

✕ *Kaufen Sie aus all diesen Gründen niemals torfhaltige Erde! Sie ist zwar kurzfristig billig, doch langfristig trägt ihre Produktion massiv zur Zerstörung von Natur und Artenvielfalt sowie zur Klimakatastrophe bei.*

✕ *Selbst wenn auf den Säcken „torfreduziert“ steht, kann Torf den Hauptanteil – häufig von bis zu 80 % – ausmachen. Auch „torfarme“ Erden enthalten hohe Torfanteile und sollten nicht gekauft werden. Selbst ein Biosiegel sagt rein gar nichts über den Torfanteil aus.*

Achten Sie daher unbedingt auf den ***Zusatz „torffrei“ oder „ohne Torf“*** *und kaufen Sie nur diese Erden.*
Das Gleiche gilt für Kompostware, der große Mengen Weißtorf oder Hochmoortorf zugesetzt wurden.

Pro Jahr verbrauchen wir Deutschen allein in privaten Haushalten rund 2,5 Millionen Kubikmeter Torf aus Mooren nur für Pflanzenerde. Insgesamt werden in Deutschland jährlich sogar über 12 Millionen Kubikmeter Torf eingesetzt!

Mittlerweile bieten viele Hersteller torffreie Erde an. Gärtnern ohne Torferde bewahrt Moore als größte CO_2-Speicher, als wichtige Wasserspeicher und als typische, wertvolle Landschaftselemente.

*Als **Alternativen** eignen sich Erden, die auf der Basis von Holzfasern, Rindenhumus, Kokosfasern oder Kompost hergestellt sind. Ihnen werden unter anderem Tonminerale, Lavagranulate und Dünger beigefügt. Diese Erden sind für Zimmer- wie für Balkonbepflanzung geeignet. Alle Inhaltstoffe mit Mengenwerten der Zuschlagsstoffe und der pH-Wert sind auf den Etiketten angegeben.*

Um der Natur befehlen zu können, muss man ihr gehorchen.
Francis Bacon
(engl. Philosoph, 1561-1626)

Torfabbau – zerstörte Landschaft

ERDE KAUFEN

Um Ihren Balkon fit für Permakultur zu machen, brauchen Sie nur zwei Sorten Erde, außerdem drei Zusatzstoffe zur Bodenverbesserung. Wichtig: Kaufen Sie unbedingt immer torffreie Erde!

Aussaaterde (Anzuchterde)

Saatgut benötigt zum Keimen kaum Nährstoffe, daher sind Aussaaterden besonders nährstoff- und salzarm. Sie bestehen überwiegend aus Holz- oder Kokosfasern, organischem Dünger und/oder Ton. Bei Aussaaten steht Keimung und Wurzelbildung im Vordergrund. Keimlinge benötigen für die Wurzelbildung eine feuchte, sauerstoffhaltige und somit lockere Erde.

> Saatgut ist wie ein Neugeborenes – das verträgt anfänglich nur leichte, flüssige, ungewürzte Kost. Ebenso verträgt Saatgut nur leichte, luftige, nahezu ungedüngte Erde.

Würden die Samen in normale Erde gelegt oder gesät, käme es zur sogenannten „Umfallkrankheit“: Der Keimling bildet dann aufgrund der Nährstoffe viel zu schnell einen zu langen Trieb, der keine innere Stabilität hat und den die kleinen Würzelchen nicht halten können.

Heute verkaufen viele Anbieter torffreie Aussaaterde, einige in Bioqualität. Die Wurzelbildung wird bei manchen Bioprodukten mit Bims, frischem Naturton und Effektiven Mikroorganismen unterstützt.

Erde zum Pflanzen

Zum **Pflanzen** von Gemüse, Blumen, Beeren und Obst benötigen Sie eine torffreie Erde mit einem pH-Wert von 6,5 bis 7,2.

Heidekrautgewächse – z. B. Heidelbeeren, Rhododendron, Erika und andere Callunaarten – bevorzugen einen pH-Wert von 4,5.

> Der **pH-Wert** gibt den Säuregrad der Erde an. Die Skala reicht von 0 (sauer) bis 14 (basisch/alkalisch). Bei Werten zwischen 6,5 und 7,5 spricht man von neutralen Böden.

Pflanzenerden sind bereits aufgedüngt. Da das Volumen für den Wurzelraum häufig gering ist, sind die Nährstoffe insbesondere durch Mittel- oder Starkzehrer (→ S. 60) nach 2–3 Monaten aufgebraucht.

> Ich komme für fast alle Zwecke bestens mit Einheitserde klar. Weder für Rosen noch für Kräuter, Kartoffeln oder Blumen mache ich einen Unterschied. Einzige Ausnahme: Beim Aussäen von Saatgut nehme ich nur Aussaaterde.

Wie viel Erde ist nötig?

Da Erde beim Bepflanzen festgedrückt und gegossen wird, muss immer wieder etwas nachgefüllt werden. Auch im Jahresverlauf benötigt jedes Gefäß einige Schäufelchen Erde.

Auf den wenigsten Gefäßen ist eine Volumenangabe in Litern zu finden. Um zu wissen, wie viel Erde man braucht, gibt es im Internet ziemlich genaue Erdvolumenrechner (→ Anhang S. 152).

Folgende Tabellen erleichtern eine Pi-mal-Daumen-Rechnung:

- **rechteckiges Gefäß**

H innen	L oben	B oben	L unten	B unten	Erde ca.
45	50	50	50	50	**120 l**
20	80	25	75	22	**37 l**

- **rundes Gefäß**

H innen	Innendurchmesser oben	Durchmesser unten	Erde ca.
35	40	27	**31 l**
24	30	22	**13 l**

Wenn Sie alle Gefäße neu befüllen wollen, kommt eine Menge Erde zusammen. Die größten Pakete enthalten 60 l, die kleinsten 10 l. Größere Gebinde sind in Relation billiger und werden oft auch gegen Transportkosten geliefert.

Die leeren Plastiksäcke finden weitere Verwendung – also nicht wegwerfen! (→ S. 122)

ZUSÄTZE ZUR AUFWERTUNG

Gekaufte Pflanzenerde ist für etwa 2 Monate ausreichend gedüngt. Um sie zu verbessern – sodass die Pflanzen länger als 2–3 Monate mit Nährstoffen versorgt werden –, sollten Sie die Erde schon vor dem Einpflanzen mit Langzeitdünger wie Hornspänen versehen sowie zugleich Urgesteinsmehl und Bentonit untermischen, die Sie im Gartencenter erhalten:

- **Hornspäne** werden aus zerschrotetem Horn und Klauen von Nutzvieh gewonnen. Sie enthalten Stickstoff, den sie langsam an den Boden abgeben. (Daneben existiert feineres Hornmehl, das aber nach meiner Erfahrung den Stickstoff sehr schnell an die Pflanzen abgibt).
- **Urgesteinsmehl** – zermahlenes Gestein – fördert die Wasserhaltefähigkeit des Bodens und seine Fruchtbarkeit, es stärkt also unter anderem das Wachstum der Wurzeln. Besteht das Urgesteinsmehl aus Granit, senkt es den pH-Wert des Bodens etwas; besteht es aus Basalt, erhöht es den pH-Wert geringfügig.

- **Bentonit** ist ein Gestein, das aufgrund von enthaltenen Tonmineralien Feuchtigkeit gut speichern kann.

Pro 40 l Erde brauchen Sie **je 125 ml Hornspäne und Urgesteinsmehl** sowie **150 ml Bentonit.** Durch die Zugabe von Urgesteinsmehl und Hornspänen als Langzeitdünger sind alle Pflanzen für einige Monate bestens versorgt.

Düngen

Gute Erde muss lebendig sein, damit die Nährstoffe für die Pflanzen verfügbar sind. Gekaufte Erde ist durch Erhitzen und Dämpfen sterilisiert – sozusagen tot. Erst die Mikroorganismen im Boden wandeln Dünger pflanzenverfügbar um. Gibt es keinen Dünger, wird das Bodenleben ärmer – dadurch reduzieren sich die Mikroorganismen erheblich, sodass das Bodenleben kümmert.

Wenn die Nährstoffe in der gekauften Erde aufgebraucht sind, muss nachgedüngt werden. So kann man den unterschiedlichen Nährstoffbedarf der Pflanzen ausgleichen – Rosen erhalten dann etwas mehr Dünger, ebenso wie Kohlsorten, Tomaten und Starkzehrer (→ S. 60).

Dünger können Sie auf verschiedene Weise selbst herstellen – unter anderem mithilfe Ihrer Bioabfälle (→ ab S. 46).

Zum Düngen geeignet sind Kompost, Wurmhumus, das Mulchen, Jauchen, aber auch Maulwurfshügelerde – in einer Handvoll davon befinden sich Milliarden von Mikroorganismen – und sogenannte Effektive Mikroorganismen (→ S. 131).

Sand, Blähton und Bims

Pflanzen mit geringem Nährstoffbedarf dürfen dagegen nicht zu viel Dünger erhalten. Unter ihre Erde werden mehr anorganische (d. h. unbelebte) mineralische Substanzen gemischt, die keine Nährstoffe enthalten, insbesondere Sand, Blähton und Bims.

Achten Sie beim Kauf der Erde (torffrei und biologisch!) für Gemüse oder Kräuter darauf, wie viel **Dünger** sie enthält; dies ist auf der Verpackung wie folgt angegeben:

Typ 0 enthält keinen Dünger (geeignet für empfindliche Aussaaten).

Typ P enthält wenig Dünger (geeignet für Aussaaten, Stecklinge, Umpflanzen junger Sämlinge).

Typ T bezeichnet nährstoffreiche Erde (geeignet für Kübel, größere Pflanzen, Starkzehrer).

Bioabfälle veredeln: Kompost

Ihre Bioabfälle können wertvolle Nährstoffe für die Pflanzen liefern, das heißt, direkt oder indirekt als Dünger eingesetzt werden.

Bei der Kompostierung entsteht auf unterschiedliche Weise aus den Bioabfällen wertvolle neue Erde – humusreicher Kompost, der als wunderbarer Dünger fungieren kann, wenn Sie ihn unter Ihre gekaufte Erde mischen.

KOMPOSTIERUNG

Es gibt mehrere Möglichkeiten, um Ihre Bioabfälle weiterzuverwenden.

- Die einfachste Methode, Bioabfälle auf dem Balkon einzusetzen, ist die sogenannte **Flächenkompostierung:** Klein geschnittene Abfälle werden wie Mulchmaterial auf die Erde zwischen die Pflanzen gelegt. Dies ist allerdings für kleine Gefäße wie Töpfchen oder Balkonhängekästen und eng gesetzte Pflanzen kaum möglich; auch aus optisch-ästhetischen Gründen bleibt die Begeisterung hier sehr häufig aus.
- **Wurmkompostierung** ist eine weitere Möglichkeit, den Biomüll in einem geschlossenen Behälter in der Wohnung zu verwerten. In der unauffälligen, geruchlosen „Wurmkiste" entsteht dabei durch Kompostwürmer **Wurmhumus** – das Beste, was für Ihre Pflanzen möglich ist: Er wird zurecht immer wieder als „Schwarzes Gold" bezeichnet (→ S. 49).

> Wenn Sie bisher schon ihre Lebensmittel biologisch und ökologisch nachhaltig kaufen und nicht viel auf Reisen sind, würde ich Ihnen eine Wurmkiste empfehlen. Damit können Sie Ihre eigene Erde produzieren und so Ihren Bioabfall transformieren und veredeln.
>
> Vielleicht gibt es in Ihrem Umfeld liebevolle und geschickte Menschen, die die Wurmkiste für Sie bauen. Oder Sie lassen sich ein Designerobjekt im Voraus zum Geburtstag schenken. Am besten schon jetzt für Ihre künftigen Mitbewohner den schönsten Platz in der Wohnung freiräumen – und fleißig Obst- und Gemüsereste sammeln.

- Wer einen Kachel- oder Holzofen besitzt, kann in Konservendosen aus Pflanzenmaterialien Pflanzenkohle machen. Diese lässt sich dann zur Herstellung von **Terra Preta nova,** besonders fruchtbarer dunkler Erde, einsetzen (→ S. 53).

- Auch das **Mulchen** (→ S. 120) ist eine Art der Kompostierung; dazu wird aber kein Bioabfall verwendet, sondern organisches Material wie Heu, Laub, Stroh, Holzspäne oder Schafwolle.

Beim **Mulchen** wird die Erde mit organischem (also kohlenstoffreichem) Material bedeckt, das sich langsam zersetzt und dabei zu Erde wird. So ist die Erde geschützt vor Wind, sie bleibt feucht und die Verdunstung reduziert sich. Außerdem werden Mikroorganismen gestärkt, die Erde wird automatisch gedüngt.

ANDERE DÜNGER

Sie können Ihre Bioabfälle auf andere Weise in Dünger verwandeln, ohne dass sie zu neuer Erde werden.

- **Jauchen** sind das flüssige Resultat, wenn man Pflanzenmaterial gären lässt. Manche Jauchen entstehen „anaerob" (unter Luftabschluss), andere „aerob" (mit Luftzufuhr) (→ S. 129–130).

- **Bokashi** (→ S. 130) ist im Wesentlichen ein Fermentierungsprozess von Bioabfällen, der nur 2 Wochen dauert. Anschließend müssen die fermentierten Abfälle mit Effektiven Mikroorganismen (EM → S. 131) behandelt und weitere 2 Wochen gelagert werden, bevor der Dünger verwendet werden kann.

Falls Sie sich für Bokashi entscheiden, können Sie einen speziellen **Bokashi-Eimer** im Bioversand oder im Gartencenter kaufen, aber auch günstig selbst herstellen → S. 131.

- Als unkomplizierter Dünger für kleine Düngegaben zwischendurch eignet sich übrigens auch Kochwasser von Eiern oder Kartoffeln bzw. Wasser, mit dem Sie Obst, Gemüse oder Salat gewaschen haben: Es enthält Mineralstoffe und/oder Kalzium. Einfach das Wasser in einer Schüssel sammeln und dann die Pflanzen damit gießen!

Ein Prinzip der Permakultur: Energie und Ressourcen sparen und dabei die Pflanzen etwas verwöhnen.

HERSTELLUNGSDAUER

Wie viel Zeit vergeht vom Bereitstellen der Bioabfälle bis zum fertigen Dünger?

- **Flächenkompostierung:** keine
- **Brennnesseljauche:** 3 Tage bis 2 Wochen
- **Jauche aus Balkonkräutern:** 2–3 Wochen
- **Bokashi:** 4 Wochen
- **Wurmkompostierung:** anfangs etwa 1–2 Monate; im Ebenenkomposter ca. 3 Wochen (abhängig von der Menge des Bioabfalls und vom Wurmbesatz → S. 51)

  Die meisten Arten der Bioabfall-Veredelung sind relativ unkompliziert und können gestartet werden, wenn sie die ersten Pflänzchen setzen – denn diese dürfen am Anfang sowieso nicht gedüngt werden.

  Wenn Sie sich allerdings für die langfristigere Methode der Wurmkompostierung entscheiden, sollten Sie schon jetzt damit beginnen.

✕ In vielen Städten gibt es Kompostieranlagen, in denen der gesammelte „Biomüll" in Erde bzw. Kompost umgewandelt wird. Diese Erden/Komposte würde ich jedoch für meine Gemüsebeete niemals verwenden und rate vom Kauf ab. Nicht nur wird ihnen häufig Torf zugesetzt – vor allem enthalten diese Erden/Komposte außerdem meist sehr hohe Kunststoffanteile. (Wer einen Blick in die Biotonnen der Haushalte wirft, entdeckt neben Bioabfällen, die in Plastiktüten stecken, weiteren Kunststoffmüll. Vieles wird nicht aussortiert, sondern mitgeschreddert.)

Die Natur kennt keine Probleme, nur Lösungen.
Carl Amery (dt. Schriftsteller und Umweltaktivist, 1922–2005)

WURMKOMPOSTIERUNG

Auf diese nachhaltige Weise erhalten Sie hochwertige Erde – und das viermal so schnell wie bei normaler Kompostierung.

Das Prinzip

Wurmhumus entsteht in der Wurmkiste bei gleichmäßigen Temperaturen von etwa 20 °C und der regelmäßigen Fütterung der Kompostwürmer; diese sind von Anfang an in der Wurmkiste aktiv. Sie müssen aber separat im Gartenhandel oder online bestellt werden.

Der Kompostwurm

Eisenia foetida

Eine Wurmkiste bedeutet, dass Sie ab jetzt Ihr Leben mit neuen Mitbewohnern verbringen, diese verwöhnen und pflegen. Ihre Haustiere, die zugleich Ihre besten Mitarbeiter sind, erhalten im Winter einen schönen Platz in Ihrer Wohnung. Am Anfang ist der **Kompostwurm**, *Eisenia foetida* (es gibt auch noch weitere Arten), oft noch etwas gewöhnungsbedürftig. Vielleicht geben Sie ihm einen liebevollen Namen.

Der Kompostwurm gehört zur Familie der Regenwürmer, ist aber nicht mit dem Gemeinen Regenwurm identisch. Diesen findet man in der Gartenerde, den Kompostwurm dagegen im Kompost und im Misthaufen. Beide haben einen unterschiedlichen Arbeitsauftrag.

Die Wurmkiste

Im Handel und im Internet existiert eine sehr große Auswahl an **fertigen Wurmkisten:** Wurmhocker mit Rollen, Selbstbausets, edle Wurmkisten oder bunte Designerstücke, alle vollständig ausgestattet mit Auffangwanne und Auslaufhahn für den Pflanzensaft. Bewährt hat sich auch der vertikal organisierte **Ebenenkomposter,** von dem es ebenfalls mehrere Modelle zu kaufen gibt. Darin befinden sich 2 bis 5 Schubladen übereinander. Die Würmer können, sobald sie eine Schublade umgewandelt haben, in die nächste wandern. Jede Schublade mit Wurmhumus kann so einzeln entleert werden. (→ Illustration S. 50)

Die Wurmkisten gibt es in unterschiedlichen Größen – wählen Sie die Größe entsprechend der Menge Biomüll, die regelmäßig oder täglich bei Ihnen anfällt.

Natürlich dürfen Sie Ihre Kiste an der Außenseite künstlerisch veredeln und so zum Blickfang machen. Wenn sie aus stabilem Holz mit festem Deckel und einem hübschen Kissen ausgestattet ist, dient sie Ihren Gästen als Sitzgelegenheit mit Überraschungseffekt!

Sie können Ihren neuen Freunden auch selbst kostengünstig eine attraktive Wohnung bauen: aus unbehandeltem Holz, lebensmittelechten Plastikeimern oder recycelten (dichten) Obstkisten.

Die Würmer bleiben im Bioabfall, bis sie alles in Erde umgewandelt haben, dann kriechen sie in die andere Hälfte. Die Erde kann entnommen, neues Futter eingefüllt werden.

Nach dem vertikalen Prinzip funktionieren die beliebten ***Ebenenkomposter****. Dort fällt umgewandelte Erde nach unten und kann entnommen werden.*

Standort

Da die Wurmkiste keine Gerüche absondert und die Bewohner sich völlig ruhig und anständig verhalten, kann die Wurmkiste überall in Ihrer Wohnung stehen – etwa in der Küche, im Bad, Flur oder Wohnzimmer. Im Sommer ist auch ein schattiger (!) Platz auf dem Balkon oder der Terrasse geeignet. Besonders im Winter, wenn es im Freien viel zu kalt ist, übernachtet *Eisenia foetida* gern in Ihrem Schlafzimmer.

Vorsicht! Temperaturen über 25 °C und unter 5 °C sind tödlich für die fleißigen Kompostwürmer! Solange die Temperatur aber bei etwa 20 °C liegt, arbeiten Ihre Freunde ohne Urlaubsanspruch 365 Tage.

Stellen Sie die Wurmkiste bitte nicht in den Keller; dort werden die Würmer – nach dem Prinzip „aus den Augen, aus dem Sinn“ – nur zu leicht vergessen.

Fütterung und Pflege

Eisenia benötigt alle 2–3 Tage ausreichend **Futter – und zwar lieber zu viel als zu wenig.** Der kleine Wurm wiegt maximal 0,6 g und verdaut regelmäßig 0,3 g. Da sich bei guter Fütterung die Population innerhalb von drei Monaten verdoppelt, wird immer mehr Bioabfall in Humus umgewandelt. Man rechnet damit, dass 2500 Kompostwürmer pro Woche etwa 2 kg Bioabfälle umwandeln. (Wer kann schon von sich behaupten, dass er so viele Haustiere in der Küche hält …)

Gefüttert werden Ihre Haustiere mit zerkleinerten, angefeuchteten Obst- und Gemüseabfällen (auch Bananenschalen oder Ananasresten), Kaffeesatz, Teeblättern, zerkleinerten Eierschalen, angefeuchtetem Zeitungspapier (aber nicht von bunten Hochglanzmagazinen – diese enthalten Schwermetalle!).

Besonders gesund ist es, wenn die Rohkost für Ihre Lieblinge aus **biologischem Anbau** stammt. Gemüse und Obst aus konventionellem Anbau ist immer pestizidbelastet – und Sie wollen ja nicht nur die Gesundheit Ihrer Schützlinge, sondern auch gute Erde für Ihren Gemüseanbau erhalten.

Nach der Fütterung werden die Bewohner mit einer Filz- bzw. Hanfmatte oder Ähnlichem zugedeckt, sodass in der Kiste immer ein feuchtes Klima herrscht.

Wenn Sie Ihre Würmer mit ausreichenden Futtervorrat eindecken, können Sie sogar zwei Wochen in Urlaub fahren. Am besten beauftragen Sie einen Wurmsitter, der ab und zu nachsieht, ob Familie Eisenia noch genügend Futter hat.

Der Kompostwurm Eisenia foetida *in seinem Element.*

Die Qualität von Wurmhumus

Es ist wissenschaftlich nachgewiesen, dass Wurmhumus einen höheren Stickstoffgehalt, mehr Phosphat, Kalium und Magnesium enthält als Gartenkompost.

Eisenia führt zusammen mit Bakterien, Pilzen, Einzellern, Milbenarten und anderen Bodenlebewesen eine Lebensgemeinschaft, die pflanzenverfügbare Nährstoffe bildet.

Aus 10 kg Bioabfall entstehen ca. 1,5 l Wurmhumus mit wertvollen Mikroorganismen. Zusätzlich kann der Pflanzensaft ähnlich wie beim Bokashi-Eimer abgezapft werden und im Verhältnis 1:10 mit Wasser verdünnt für die Pflanzen als Dünger verwendet werden.

Verantwortlich ist man nicht nur für das, was man tut, sondern auch für das, was man nicht tut.
Laotse (chin. Philosoph, 6. Jh. v.Chr.)

✕ Was Eisenia <u>nicht</u> verträgt:

- Inhalte des Staubsaugerbeutels
- Zitrusfrüchte und deren Schalen
- gesalzene Speisen, Öl
- gekochte Speisereste
- Fisch und Fleisch
- Fleisch- und Milchprodukte
- stark oxalhaltiges Gemüse wie Rhabarber
- Katzenstreu, Haustierkot
- giftige Pflanzen (dazu zählen auch gekaufte Blumen: Sie sind stark belastet und sollten in die Restmülltonne. Verfüttern Sie keinerlei Pflanzen, die mit Chemikalien, Pestiziden, Fungiziden oder Herbiziden behandelt wurden.)

Voraussetzung für das Gedeihen und Wohlbefinden sind eine gleichmäßige Raumtemperatur von ca. 20 °C, ein ständig feuchtes Klima und ein neutrales Milieu von 6,5. Eine Filzmatte, die direkt aufliegt, verhindert Obstfliegen oder Schimmel. Da die Wurmkompostierung unter aeroben Bedingungen abläuft, entsteht kein unangenehmer Geruch wie z. B. bei Jauchen.

Wurmhumus versus Kompost

Streng genommen ist **Wurmhumus** kein Kompost. Echter Kompost durchläuft nämlich mehrere Phasen, vor allem auch eine längere Wärmephase, bei der eine Temperatur von ungefähr 60 °C entsteht. Dadurch werden viele Keime, Krankheiten, aber auch Samen abgetötet. Im Kompost befinden sich zu diesem Zeitpunkt noch keinerlei Käfer, Springschwänze oder Kompostwürmer. Diese wandern erst in der letzten der vier Phasen des Kompostierens ein.

TERRA PRETA

Terra Preta ist besonders nährstoffreiche, sehr dunkle Erde, die unter anderem aus Pflanzenkohle entstanden ist.

Vorteile von Pflanzenkohle

Wegen der porösen Struktur von Pflanzenkohle können sich darin Mikroorganismen ansiedeln, die Pflanzengesundheit und -wachstum fördern. Außerdem werden Wasser und Nährstoffe gespeichert. Besonders gut entfaltet Pflanzenkohle ihre wertvollen Eigenschaften, wenn man sie beim Kompostieren zugibt oder unter frische Erde mischt.

Auch für Balkon und Terrasse kann Terra Preta nova – heute hergestellte Terra Preta – eingesetzt werden; sie bietet als **Langzeitdünger** beste Voraussetzungen.

Pflanzenkohle für Terra Preta nova („neue schwarze Erde")

Ursprung der Terra Preta

Bereits im 19. Jahrhundert wurden in Südamerika sehr fruchtbare Schwarzerdeböden gefunden, was für Überraschung sorgte: Normalerweise sind Urwaldböden nährstoffarm. An der Fundstelle waren jedoch über Jahrhunderte Abfälle wie Verkohlungsrückstände, Pflanzen- und Tierreste, Fäkalien und Asche deponiert worden. Daraus hatte sich fruchtbare Schwarzerde („Terra Preta") entwickelt – offenbar vorwiegend aufgrund der Pflanzenkohle. In Pflanzenkohle werden nämlich mithilfe von Mikroorganismen große Nährstoffmengen dauerhaft gespeichert bzw. nur langsam abgebaut.

Heute werden viele Terra-Preta-Produkte industriell hergestellt („Terra Preta nova") und im Handel angeboten. Sie durchlaufen jedoch nicht langwierige komplexe Vorgänge im Boden oder sind aus Holzabfällen gewonnen; vielmehr werden dafür intakte Bäume – sogar aus Regenwäldern! – gefällt. Viele Terra-Preta-Erden stammen aus der Ukraine, aus Afrika, dem europäischen Ausland und Südamerika. Die Hersteller sind nicht verpflichtet, Angaben zu Holzart und Herkunft zu machen. Der Markt boomt sowohl für Holzkohle (200 000 Tonnen verbrauchen deutsche Hobbygriller pro Jahr!) als auch für Terra-Preta-Produkte.

Achten Sie beim Kauf von Grillkohle auf Qualität. Bei Produkten, die den Anforderungen des European Biochar Certificate (EBC) entsprechen, ist gewährleistet, dass die Kohle schadstoffarm ist und dass sie keine Schadstoffe an den Boden abgibt.

Pflanzenkohle selbst herstellen

die Pflanzenkohle für Terra Preta nova können Sie selbst herstellen, wenn Sie zu Hause einen Kachelofen oder einen Holzofen besitzen.

Sie benötigen dazu:

- leere Konservendosen
- jegliches getrocknete organische Pflanzenmaterial, wie Stängel, Sägespäne, Holzschnitzel, Laub, Heu, Stroh und/oder alte Bettfedern

So gehen Sie vor:

1. Die Dose wird mit den Materialien gefüllt und bündig mit der Öffnung nach unten ganz dicht an die Holzscheite in die Brennkammer gestellt. Rücken Sie brennende Scheite bis zum Schluss an die Dose, damit die Hitzeentwicklung eindringen kann.

2. Der Ofen wird normal angezündet und muss mindestens so lange brennen, bis das aus der Dose strömende Gas verbrannt ist (erkennbar an der Flammenfarbe). Das gesamte Pflanzenmaterial muss in Kohle umgewandelt sein! Die Verbrennungsdauer beträgt je nach Dosengröße ca. 20–30 Minuten.

3. Die Dose abkühlen lassen, den Inhalt entnehmen und in einem Gefäß sehr klein (1–2 mm) stampfen. (Bei der Verkohlung bleibt jedes Element erhalten; selbst Laub verbrennt nicht, sondern wird zu Kohle.)

4. Um die Pflanzenkohle zu beleben, wird sie in einen Eimer mit Regenwasser und etwas Urgesteinsmehl gegeben, gut verrührt und stehen gelassen. Während der nächsten Wochen siedeln sich in der Kohle Mikroorganismen, Bakterien und andere Kleinstlebewesen an – fertig ist „Terra Preta nova".

5. Danach können Sie das Wasser auf verschiedene Beete vergießen. Die Pflanzenkohle können Sie entweder mit fertigem Wurmhumus vermischen oder in die Pflanzenerde geben.

Terra Preta nova wird am besten vor dem Einpflanzen in das Pflanzloch gegeben oder mit der Erde gemischt. Besonders gut ist sie für Starkzehrer geeignet.

Auf einen Blick: Einkaufs- und Besorgungsliste

Nun geht es an die Zusammenstellung aller Elemente und Materialien, die Sie für die Realisierung Ihrer grünen Oase benötigen.

Bevor Sie irgendetwas Neues kaufen, prüfen Sie, ob Sie etwas für den gleichen Zweck Verwendbares schon zu Hause haben. Nutzen Sie andere Quellen – Sperrmüllplatz, Internetforen, Zeitungsinserate – und auch private Kontakte, um nach Materialien und evtl. Hilfe zu fragen. Die Einkaufsliste soll möglichst klein ausfallen – Permakulturprinzip!

✕ Lassen Sie aber bei geschenkten Pflanzen Vorsicht walten: Verwenden Sie nichts, was nicht ökologisch astrein ist, wie etwa Hybridsaatgut (→ S. 104).

Basics & Gärtnerwerkzeug

- ☐ Balkontagebuch
- ☐ Meterstab/Maßband
- ☐ Taschenrechner
- ☐ Schreibzeug und Millimeterpapier
- ☐ Gießkannen mit Brauseaufsatz
- ☐ Sprühflasche bzw. Nebelsprüher
- ☐ Gartenschere
- ☐ Gartenschäufelchen (oder alte Gabel, alter Löffel)

Pflanzgefäße

große eckige Gefäße mit den Maßen (L x B x H)

- ☐ 100 x 60 x 60 cm für mehrere Pflanzen
- ☐ bis zu 100/120 x 100 x 80 cm für Obstbaum-Lebensgemeinschaften
- ☐ 30 x 30 x 30 cm für Pflanzen, die allein leben müssen
- ☐ Hängebalkonkästen mit Wasserreservoir, mindestens 60–80 x 25 x 20 cm

Hilfsmittel für vertikalen Anbau und für Kletterpflanzen

- ☐ Rankhilfen, Scherengitter, Fächerspaliere
- ☐ Hängeampeln
- ☐ Pflanztaschen für die Wand
- ☐ Schnüre und Bänder
- ☐ Dübel und Schrauben
- ☐ alte Stühle und Hocker für vertikalen Aufbau

Erde

- ☐ ein kleiner Sack Aussaaterde (torffrei, biologisch zertifiziert)
- ☐ torffreie Erde zum Pflanzen

Dünger, Untersetzer und Ähnliches

- ☐ gepresster Kokosblock (Humusziegel)
- ☐ Urgesteinsmehl, Hornspäne, Bentonit
- ☐ evtl. Schafwolle
- ☐ Vlies
- ☐ leere Klorollen, Eierschachteln (als Aussaatschalen)
- ☐ alte Untersetzer aus Metall oder Kunststoff
- ☐ flache Schüsseln oder Töpfe
- ☐ alte leere Erdsäcke oder andere stabile Kunststoffe (keine dünnen Müllsäcke) für größere Gefäße – sammeln, nicht kaufen
- ☐ Untersetzer zum Auffangen von Gießwasser
- ☐ evtl. zusätzlich Rolluntersetzer (zum einfacheren Verschieben von schweren Gefäßen)

PFLANZENWAHL

Unterscheidungskriterien bei Pflanzen

Wenn man vor der Entscheidung steht, welche Pflanzen auf den eigenen Balkon dürfen und was beim Anbau jeweils zu beachten ist, stößt man auch auf eine Reihe mehr oder weniger unbekannter Begriffe. Die Unterscheidungskriterien, die bei einem erfolgreichen Permakulturprojekt eine wichtige Rolle spielen, sollen hier kurz erklärt werden.

BEDÜRFNISSE: PLATZ UND NÄHRSTOFFE

Tief-, Mittel- und Flachwurzler

Je nachdem, wie viel Platz die Wurzeln einer Pflanze in einem Pflanzgefäß einnehmen, unterscheidet man Tief-, Mittel- und Flachwurzler.

- **Tiefwurzler:** Obstgehölze wie Birnbaum, Weintraube, Hopfen, Stachelbeere und Johannisbeere
- **Mittelwurzler:** Zwiebeln, Mangold
- **Flachwurzler:** Salate, Pflücksalate, Feldsalat, Radicchio, Vogelmiere, Postelein, Kapuzinerkresse, Tagetes (Studentenblume), Knoblauch, Lauchzwiebel

Diese Unterscheidung ist unter anderem für die Größe des gewählten Pflanzgefäßes entscheidend: Tiefwurzler müssen in ein möglichst hohes Gefäß eingetopft werden.

Relevant ist die Unterscheidung auch dafür, womit eine Pflanze kombiniert werden darf (→ ab S. 73).

Stark-, Mittel- Schwachzehrer

Die Unterteilung in Schwach-, Mittel- und Starkzehrer bezieht sich darauf, wie hoch der Nährstoffbedarf einer Pflanze ist. Dies ist unter anderem wichtig für die Frage, mit welchen anderen Pflanzen sie zusammengesetzt werden kann. Starkzehrer verbrauchen die Nährstoffe, die in der Erde vorhanden sind, am schnellsten.

- **Starkzehrer:** Kohlsorten wie Kohlrabi, Blumenkohl, Palmkohl, Rosenkohl; Paprika, Zucchini, Tomaten, Kürbis, Mais; Sonnenblumen, Rosen
- **Mittelzehrer:** Knoblauch, Spinat, Mangold, Erdbeeren, Radieschen, Rucola
- **Schwachzehrer:** Kräuter, Salate, Pflücksalate, Bohnen, Wildpflanzen (z. B. Skabiosen, Flockenblumen, Färberkamille, Glockenblumen), Bergminzen

PFLANZENFAMILIEN

Jeder Baum, jede Gemüsesorte und jede Blume ist einer bestimmten Familie zuzuordnen. Diese Einteilung verrät uns mehr über die Bedürfnisse der jeweiligen Art. Zu den besonders eigenwilligen Pflanzenfamilien gehören Kreuzblütler und Nachtschattengewächse.

- **Kreuzblütler:** Kohlsorten, Radieschen, Rucola
- **Nachtschattengewächse:** Auberginen, Chilischoten, Kartoffeln, Paprikaschoten, Tomaten
- **Lippenblütler:** Thymian, Lavendel …
- **Doldenblütler:** Fenchel, Dill …

Fast alle **Kreuzblütler** sind Starkzehrer. Kreuzblütler sollen nicht direkt nebeneinander in ein Gefäß eingepflanzt werden, weil sie gegenseitig unverträglich sind. Sie sollen mit Blumen, Kräutern oder Salaten gemischt werden.

Nachtschattengewächse können sich behindern, wenn sie – sogar in separaten Gefäßen – eng beieinander stehen.

Unproblematisch in Mischkulturen sind **Lippenblütler**, **Doldenblütler** und **Rosengewächse**. Alle drei Familien sind bei Insekten begehrt.

NATÜRLICHE ENTWICKLUNG

Alte Sorten

Alte Kultursorten haben sich über Jahrhunderte entwickelt. Dabei haben sie Eigenschaften ausgebildet, um ihre eigene, aber auch andere Arten zu stärken. Solche Schutzmechanismen können wir nutzen, indem wir passende Pflanzen gemeinsam in die gleiche Erde setzen. Inhaltsstoffe, die dem Schutz der Pflanzen dienen – z. B. Bitterstoffe und Gifte –, lassen sich zudem für heilkundliche Zwecke nutzen. Auch die gesunden sekundären Pflanzenstoffe zählen zu den wertvollen Eigenschaften alter Sorten.

Hybridsorten

Hybridpflanzen sind dagegen „Einwegpflanzen", die mechanisch, chemisch oder genetisch produziert werden. (Beispiele sind Weintrauben ohne Kerne.) Die Eingriffe von außen zerstören die gesunden Qualitäten der Pflanzen; aus ihren Samen lässt sich in der Regel keine weitere Pflanzengeneration züchten. Stattdessen können z. B. neu gezüchtete Apfelsorten Allergien auslösen. In den letzten 20 Jahren wurden die herkömmlichen Sorten stark vom Markt verdrängt: Karotten, Brokkoli, Spinat oder Tomaten sind fast nur noch als Hybridsaatgut erhältlich; beim Gemüse sind fast 75% Hybridsorten.
(Für mehr Informationen → S. 104)

Welche Pflanzen können Sie anbauen?

BALKONAUSRICHTUNG

Das entscheidende Kriterium ist für alle Pflanzen – außer für Salate – die Sonneneinstrahlung. Prüfen Sie deshalb zuerst, wie lange auf Ihrem Balkon oder Ihrer Terrasse die **Sonne** scheint.

NORDBALKON

Auf dem Nordbalkon gibt es keine direkte Sonne. Nur wenn im Hochsommer die Sonne sehr hoch steht, scheint sie für kurze Zeit auch auf Nordbalkone. Auf einem Nordbalkon sollten Sie im Wesentlichen Salate und Wildkräuter anpflanzen. Da die Temperaturen hier viel geringer sind, muss nicht so oft bzw. so viel gegossen werden. Insgesamt ist der Pflegeaufwand auf Nordbalkonen oder Nordost-Seiten aufgrund der geringen Anbaumöglichkeit niedrig.

SALATE UND GEMÜSE
Asiatische Salate
Barbarakraut
Feldsalat
Kopfsalat
Mangold
Pflücksalat
Postelein (Portulak)
Radicchio
Rucola (Rauke)

WILDKRÄUTER
Brennnessel
Frauenmantel
Gänsefingerkraut
Gundermann
Löwenzahn
Schafgarbe
Spitzwegerich
Wiesenknopf
Vogelmiere

KULTURKRÄUTER
Kapuzinerkresse
Petersilie
Schnittlauch

SÜDBALKON

Beeren, Obst, Blumen sowie mediterrane und heimische Kräuter benötigen die volle Sonne und bevorzugen ganztägige Sonneneinstrahlung; sie gedeihen nur auf dem Süd- oder Westbalkon. Das Gleiche gilt für alle Blütenpflanzen, insbesondere alle Lippenblütler und Doldenblütler. Hier muss deutlich mehr gegossen werden, der Pflegeaufwand ist höher.

OBSTGEHÖLZE
Apfelbaum
Aprikose
Birnbaum
Nektarine
Pfirsichbaum

BEERENGEHÖLZE
Brombeeren
Erdbeeren
Heidelbeeren
Himbeeren
Johannisbeeren
Stachelbeeren
Weintrauben

GEMÜSE
Kreuzblütler
Brokkoli
Eiszapfen
Kohlrabi
Palmkohl
Radieschen
Rosenkohl
Kürbisgewächse
Gurken
Kürbis
Zucchini
Schmetterlingsblütler
Bohnen
Erbsen
Zuckererbsen
Nachtschattengewächse
Auberginen
Chilischoten
Kartoffeln
Paprikaschoten
Tomaten

Malvengewächse

Okraschoten (schwierig für Anfänger)

Fuchsschwanzgewächse

Bunte Bete

Guter Heinrich

Mangold

Melden

Rote Bete

Lauchgewächse

Knoblauch

Lauch

Lauchzwiebel

Winterheckzwiebel

Zwiebel

Andere

Knollenfenchel

Knollenziest

Rhabarber

KRÄUTER UND BLUMEN

Kulturkräuter

Anis-Ysop

Basilikum

Beifuß

Dill

Estragon

Griechischer Bergtee

Gewürzfenchel

Goldmelisse (Indianernessel)

Kerbel

Kümmel

Lavendel

Majoran

Minze

Oregano

Pelargonien (Duftgeranien)

Petersilie

Rosmarin

Salbei

Schnittlauch

Thymian

Zitronenmelisse

Wildkräuter

Dost (Oregano)

Frauenmantel

Gänsefingerkraut

Kamille

Vogelmiere

Alle Blütenpflanzen: Lippenblütler, Doldenblütler, Rosengewächse, Schmetterlingsblütler etc.
Flockenblumen
Glockenblumen
Hibiskus
Kornblumen
Malven
Margeriten
Nelken
Phlox
Ringelblumen
Rosen
Tagetes
Taglilien
Sonnenblumen
Stiefmütterchen
Vergissmeinnicht
Ysop

Wenn man verliebt ist,
ist jedes Wetter wunderbar.
Rudyard Kipling
(brit. Schriftsteller, 1865–1936)

OST-/WESTBALKON

Heimische Wildkräuter benötigen wenigstens halbtags Sonne. Das bieten meist schon **Ostbalkone oder Nordostbalkone.** (Reine Ostbalkone haben nur bis Mittag Sonne.)

WILDKRÄUTER
Brennnesseln
Frauenmantel
Gänsefingerkraut
Gundermann
Löwenzahn
Schafgarbe
Spitzwegerich
Wiesenknopf
Vogelmiere

BLÜHPFLANZEN
Begonien ✿
Fuchsien ✿

Beeren, Obst, Blumen und Kräuter benötigen die volle Sonne, sie gedeihen nur auf dem **Süd- oder Westbalkon.** Das Gleiche gilt für Blütenpflanzen, vor allem Lippenblütler und Doldenblütler.

OBSTGEHÖLZE
Apfelbaum
Aprikose
Birnbaum
Nektarine
Pfirsichbaum

BEERENGEHÖLZE
Brombeeren
Erdbeeren
Heidelbeeren
Himbeeren
Johannisbeeren
Stachelbeeren
Weintrauben

GEMÜSE

Kreuzblütler
Brokkoli
Eiszapfen
Kohlrabi
Palmkohl
Radieschen
Rosenkohl

Kürbisgewächse
Gurken
Kürbis
Zucchini

Nachtschattengewächse
Kartoffeln
Paprikaschoten
Tomaten

Andere
Lauch
Knollenfenchel
Knollenziest
Rhabarber

KRÄUTER UND BLUMEN

Kräuter
Barbarakraut
Estragon
Goldmelisse
Kapuzinerkresse
Petersilie
Schnittlauch

Alle Blütenpflanzen: Lippenblütler, Doldenblütler, Rosengewächse, Schmetterlingsblütler etc.
Flockenblumen
Glockenblumen
Hibiskus
Kornblumen
Malven
Margeriten
Nelken
Phlox
Rosen
Tagetes
Taglilien
Sonnenblumen
Stiefmütterchen
Vergissmeinnicht
Ysop

KLIMABEDINGUNGEN

In Deutschland, Österreich und der Schweiz herrscht ein kühlgemäßigtes bis warmgemäßigtes (mildes, mediterranes) Makroklima. Die folgende Aufstellung soll eine grobe Orientierung bieten.

Regionale Unterschiede

Nördlich der Alpen sind die Länder im Westen vom maritimen bzw. atlantischen Klima und im Osten vom kontinentalen Klima geprägt.

Südlich der Alpen herrschen mediterrane Einflüsse vor.

Im Bereich der Alpen, die eine Klimascheide darstellen, findet man kaltgemäßigtes Klima vor – je nach Seehöhe boreales oder subpolares, in den Gipfelregionen sogar polares Klima. Es gibt starke regionale Schwankungen.

Klimatische Besonderheiten

Maritimes bzw. **atlantisches Klima** (Westen Deutschlands, Westen und Norden Österreichs, Norden der Schweiz)

- relativ geringe Temperaturunterschiede zwischen Sommer und Winter
- relativ viel Regen
- regenreiche, relativ milde Winter
- mäßig warme Sommer
- Nordsee: regenreiche Sommer und milde Winter mit schweren Stürmen.

Kontinentales Klima (Osten Deutschlands und Österreichs)

- starke Temperaturunterschiede: warme bis heiße Sommer und kalte Winter
- geringere Niederschläge
- Ostsee: regenärmere, deutlich heißere Sommer als an der Nordsee

Mediterranes Klima (Süden Österreichs und Süden der Schweiz, auch Südwesten Deutschlands)

- generell höhere Temperaturen
- trockene, warme Sommer und milde, regenreichere Winter

Kaltgemäßigtes Klima (Oberharz, nördlicher Bayerischer Wald, Alpenrand und Alpen, dort bis polar)

- generell niedrigere Temperaturen
- kurze, warme Sommer
- sehr kalte Winter, Frostperioden
- geringere Niederschläge, höhere Feuchtigkeit, Wetterschwankungen

> Theoretisch lassen sich in Deutschland, Österreich und der Schweiz überall alle Pflanzen anbauen. Manche Pflanzen benötigen jedoch in manchen Regionen mehr Schutz vor Kälte, Stürmen oder Trockenheit.

Auswirkungen des Klimawandels

*Seit vielen Jahren kennzeichnen höhere Temperaturen und geringere Niederschläge unser Klima. In den ersten 20 Jahren des 21. Jahrhunderts haben wir sechs sogenannte „Jahrhundertsommer" mit **Temperaturen** bis zu 40°C erlebt; das Jahr 2020 wurde als das wärmste seit Beginn der Wetteraufzeichnungen 1881 festgestellt.*

*Die Auswirkungen des Klimawandels können für Pflanzen und Tiere verheerend sein. Beispielsweise haben **Ostwinde** erheblich zugenommen und halten oft tage- oder sogar wochenlang an. Damit kommt heiße kontinentale Luft zu uns, die außerordentlich trocken ist. Unter diesen Umständen können Pflanzen keinen Nektar bilden, was für Honigbienen und andere Insekten lebensbedrohlich ist.*

*Gleichzeitig haben **Niederschläge** dramatisch abgenommen. In einigen Regionen Norddeutschlands verzeichnen die Grundwasserpegel extreme Absenkungen. Ohne genügend Regenfälle und bei sinkendem Grundwasserpegel werden aber Pflanzen, Bäume und Gehölze nicht ausreichend mit Wasser versorgt, um Harz zu bilden, das sie zur Abwehr von Schädlingen wie dem Borkenkäfer brauchen.*

All dies hat auch Auswirkungen auf die Planung unserer Balkon- und Terrassenbepflanzung. Während wärmeliebende Pflanzen wie mediterrane Kräuter (Thymian, Rosmarin und Lavendel) oder auch die Okraschote aus Asien vom Klimawandel „profitieren", weil sie Sonne und warmes Wetter bevorzugen, benötigen viele heimische Pflanzen besonderen Schutz und manche Gewächse werden bei zunehmender Wärme nicht mehr so gut gedeihen. Rhabarber beispielsweise benötigt auch Frostperioden. Auch heimische Wildpflanzen wie z. B. die Trollblume werden zu Verlierern des Klimawandels, weil sie nicht zu große Hitze vertragen.

Hitze

Temperaturen über 35 °C bedeuten für alle Pflanzen Stress. Zu starke Sonneneinstrahlung kann die Blätter schädigen („Sonnenbrand") oder gar vertrocknen.

Blattreiche Pflanzen wie z. B. Kürbisse und Zucchini benötigen für ihre Blüten- und Fruchtbildung viel Wasser.

Selbst Pflanzen, deren Blätter zu ihrem Schutz eine Wachsschicht haben, wie z. B. Zitrusgewächse, müssen vor zu viel Sonne geschützt werden; am besten ist Halbschatten.

Die Früchte von Beerengehölzen können bei hohen Temperaturen „Sonnenbrand" erleiden, deshalb ist hier mitunter Sonnenschutz nötig.

Besonders auf Südbalkonen müssen bei langen Hitzeperioden Maßnahmen getroffen werden, damit Gemüse, Salate, Kräuter, Blumen nicht zu Heu werden.

Grundvoraussetzungen für ein gesundes Wachstum sind

- eine passende Pflanzenauswahl (→ S. 62)
- große Pflanzgefäße (→ S. 30)
- humusreiche Erde (→ S. 37 ff.)
- Mulchmaterial (→ S. 120)
- Wasserspeichermöglichkeiten (→ S. 120).

Darüber hinaus sollten bei großer Hitze folgende **Maßnahmen** getroffen werden:

- **Sonnenschutz** bereitstellen: Sonnenschirm bzw. Markise schützen auch viele Pflanzen in sehr sonnenreichen und warmen Gegenden.
- Mehrere Pflanzen in ein Gefäß pflanzen. (Je mehr Pflanzen, desto günstiger ist das Mikroklima.)
- Gefäße mit hitzeempfindlichen Pflanzen in eine **schattigere Zone** stellen.
- Pflanzen morgens bzw. abends gut **gießen,** ständig **mulchen.**
- Bei hohen Temperaturen (ab 30 °C) Salat- oder Gemüsepflanzen nicht direkt auf dem Balkon aussäen – die empfindlichen Keimlinge vertrocknen bei ungenügender Feuchtigkeit.
- ✕ Bei großer Hitze keine Jungpflanzen setzen. Mitunter stoppen bereits gesetzte Salate oder Gemüse auch ohne Wassermangel ihr Wachstum, sie können „schossen" und vorzeitig eine kümmerliche Blüte bilden.
- Beim Saatgut auf die Aussaatzeiten achten. Es gibt für Frühjahr, Sommer und Herbst entsprechendes Saatgut, das nur zu diesen Jahreszeiten ausgesät werden soll.

Wind

Wind ist wichtig für Pflanzen. Er trocknet sie von Tau oder vom Regen, sodass sie keine Pilzkrankheiten erleiden. Starke Winde und Hitze trocknen allerdings auch die Erde schnell aus; Pflanzen können dann leicht verdorren.

Gute wasserspeichernde Erde, Mulchen und Gießen sind bei warmem Wind das beste Hilfsprogramm.

Ausgesetzte Balkone und Terrassen sind windanfällig. Die zunehmend starken Winde in Sturmqualität erfordern entsprechende Sicherungsmaßnahmen: Lassen Sie Töpfe auf der Terrasse oder Balkonbrüstung nie ungesichert stehen. Bei sehr niedrigen Balkonhängekästen (ca. 10–15 cm Erdhöhe) können starke Winde die Pflänzchen oder Blumen entwurzeln und wegwehen.

Hochwachsende Arten wie Dill oder Fenchel brauchen ein möglichst tiefes Gefäß mit mindestens 20–25 cm Höhe, sonst sind sie bei starkem Wind nicht stabil genug. Zu Ihrer Sicherheit können sie auch gestäbt werden (→ S. 35). Binden Sie bei hohen Pflanzen ab 30 cm mehrere Stellen der Stiele an. Wird der Stiel nur am unteren Ende angebunden, knickt er bei Wind genau dort um.

Informieren Sie sich unbedingt immer vorher, wie hoch eine Pflanze wird.

Auf Terrassen müssen auch größere Gefäße mit hohem Bewuchs, wie z. B. Bäumen oder Kletterpflanzen, aber auch Rankhilfen wie Spaliere oder Pergolen absolut stabil fixiert werden. Vorsicht: Als Balkon- oder TerrassenbesitzerIn sind Sie für die Sicherheit verantwortlich!

Regen

Der Regen spielt auf dem Balkon kaum eine Rolle, da Balkone meist überdacht sind. Es kommt wenig Regen auf die Balkonhängekästen und gar kein Regen auf die im Inneren stehenden Kästen (→ S. 116).

Bei Starkregen sollten auf ausgesetzten Terrassen zarte Salatpflänzchen mit Vlies abgedeckt werden!

Keinen Regen vertragen

- Pfirsich und Nektarine (Kräuselkrankheit)
- Tomaten (Braunfäule)

Sehr starker Wind kann für alle hochwachsenden Pflanzen (außer für Bäume, wenn diese gut angebunden oder fixiert sind) problematisch werden, solange sie jung sind und die Stängel noch dünn sind.

ZEITAUFWAND

Haben Sie einen zeitaufwändigen Beruf? Sind Sie häufig auf Reisen? Wie viel Zeit Sie in Ihren Balkon oder Ihre Terrasse investieren können bzw. wollen, ist individuell unterschiedlich.

Hoher Zeitaufwand

Wenn Sie planen, Ihre Selbstversorgung erheblich mit dem Selbstanbau zu erweitern, benötigen Sie **am Anfang wöchentlich einige Stunden.**

Aufwändig ist insbesondere

- das Vorbereiten und Besorgen von Materialien
- die Planung und Aufteilung von Sitzgelegenheiten, Pflanzkübeln und Spalieren, also das Design von Balkon oder Terrasse
- Skizzen für Hängeampeln, Drahtverspannungen oder Spaliere für Weintrauben oder Stangenbohnen
- im Frühjahr: Aussäen, Pikieren, schrittweises Umsetzen, zuerst in größere Töpfchen, dann Anfang Mai in Balkonkästen; Düngen, Gießen …

Wenn Sie Ihre Pflanzen selbst aussäen, sollten Sie nicht unter Zeitdruck stehen oder viel auf Reisen sein, sonst könnte Ihre Arbeit schließlich umsonst sein.

Für Süd-, Südwest- und Westbalkone, evtl. auch Südostbalkone, gilt wegen der größeren Anbaumöglichkeiten: Je größer Ihr Balkon/Ihre Terrasse ist und je mehr Sie ausgesät oder angepflanzt haben, umso mehr Zeit benötigen Sie auch während des Jahres für die Pflege.

- Säen Sie während des ganzen Jahres regelmäßig und wiederholt Saatgut für Salate, Blumen oder Gemüse aus, ist der Zeitaufwand mit einigen, **mindestens jedoch 6 Stunden pro Woche** anzusetzen.

- Ist Ihr Balkon/Terrasse üppig ausgestattet mit Kartoffeln, Tomaten, Kürbis, Mais, Gemüsesorten, Kräutern und Blumen, dann benötigen Sie ab Ende Mai für alle Arbeiten **wiederum ca. 5–6 Stunden pro Woche.**

Geringer Zeitaufwand

Ihr Zeitaufwand ist erheblich geringer,

- wenn Sie ab Mai lediglich wenige gekaufte Pflanzen auf den Balkon bringen: In diesem Fall entfällt die Pflege für das Saatgut.
- wenn Sie einen Nordbalkon haben. Da die Temperaturen hier viel geringer sind, muss nicht so oft bzw. so viel gegossen werden. Der gesamte Pflegeaufwand ist aufgrund der geringen Anbaumöglichkeit niedriger.
- Mulchen und Gießen, das Festbinden hoch gewachsener Pflanzen etc. erfordert **pro Woche 1–2 Stunden.**

Wie lassen sich die Pflanzen kombinieren?

Verschiedenste biologische Gemüse-, Salat- und Blumensorten unterstützen sich gegenseitig – vorausgesetzt, folgende Bedingungen sind erfüllt:

- Pflanzgefäß mit einer Mindestgröße (L x B x H) von:
  100 x 60 x 40–60 cm (Topf) bzw.
  60–80 x 20 x 25 cm (Balkonkasten)
- gute lebendige Erde
- ausreichend Wasser, Nährstoffe und Licht.

Allerdings gibt es grundsätzliche Regeln und Einschränkungen in der Kombinierbarkeit der Pflanzen.

UNVERTRÄGLICHKEITEN

Winterkulturen (z. B. Rosenkohl und Grünkohl, beide Kreuzblütler) sowie Starkzehrer (z. B. Kartoffeln, ein Nachtschattengewächs) benötigen viel mehr Erde und Nährstoffe und infolgedessen ein größeres Gefäß.

Verschiedene Pflanzenfamilien **immer mischen!** Mehrere Vertreter einer Familie, die zu nahe zueinandergepflanzt werden, stören einander.

Besonders empfindlich sind hier Kreuzblütler und Nachtschattengewächse.

Nährstoffe

Kreuzblütler sind meist auch Starkzehrer; Ausnahmen bilden nur Radieschen, Rucola und Eiszapfen. Beim Düngen einer Pflanzgemeinschaft muss darauf geachtet werden, dass die Starkzehrer genug und die Schwachzehrer nicht zu viel Dünger bekommen.

Gewächse von Kreuzblütlern *(Brassicaceae)*, z. B. Kohlrabi, Rettich, Rucola, Brokkoli, sollen nur einmal in die gleiche Erde gepflanzt werden.

Rucola, Radieschen und Kohlrabi lassen sich gut kombinieren mit Pflanzen aus den Familien

- der **Rosengewächse** *(Rosaceae)*, z. B. Erdbeeren, Rosen, Apfel-, Birnen- oder Kirschbäume
- der **Korbblütler** *(Asteraceae)*, z. B. Calendula, Kamille, Sonnenblume
- der **Doldengewächse** *(Apiaceae)*, z. B. Dill, Fenchel, Kümmel, Kerbel
- der **Schmetterlingsblütler** *(Fabiaceae)*, z. B. Bohnen oder Erbsen

Bohnen und Erbsen sind Schwachzehrer und eignen sich wunderbar als Begleitung von Starkzehrern (aber nicht aus der Familie der Kreuzblütler). Sie besitzen die wunderbare Fähigkeit, mit ihren Wurzeln eine Symbiose mit sogenannten. Knöllchenbakterien eingehen, die Stickstoff speichern und an den Wurzeln haften. Dieser Stickstoff ist für andere Pflanzen verfügbar und bleibt beim Verrotten der einjährigen Hülsenfrüchte an den Wurzeln im Boden. Deshalb Pflanzen nie mit den Wurzeln entfernen!

Platz im Topf

Nachtschattengewächse können einander unterirdisch mit ihren Wurzelausscheidungen und oberirdisch mit ihren Düften behindern. Dann werfen sie vorzeitig ihre Blüten ab oder kümmern. Aus diesem Grund sollten sie nicht zu eng beieinanderstehen – auch nicht in separaten Töpfchen.

Achten Sie außerdem darauf, dass niedrig wachsende Arten nicht von hochwachsenden Arten erdrückt oder total verschattet werden.

Ich kombiniere im Balkonkasten mehrere niedrige und mittelgroße Arten (Mangold | Salate | Ringelblume | Glockenblume | Mangold) und setze evtl. an den Rändern des Balkonkastens höhere Pflanzen, z. B. Cosmea, Zinnien. So verschatten höhere Pflanzen nicht die niedrigen.

Die Anzahl der einzusetzenden Pflanzen hängt von der Größe des Gefäßes ab. Wird zu eng gepflanzt, können sich nicht alle Gewächse gut entwickeln. Ein Abstand von je 20 cm sollte ausreichen. In Balkonhängekästen, die breiter als 20 cm sind, werden die Pflanzen im Zickzackmuster eingesetzt; damit lassen sich 1–2 Exemplare mehr unterbringen.

Auch lassen sich hängende Sorten wie Kapuzinerkresse mit hochwachsenden Arten oder rankenden Zuckererbsen gut kombinieren.

Rankende Pflanzen (die eine Rankhilfe brauchen) sind: Kürbis, Stangenbohnen, Erbsen, Zuckerschoten, Hopfen, Wein, Clematis, Kletterrose, Je-länger-je-lieber, Winterjasmin, Duftwicken, höher wachsende Sonnenblumen.

Erbsen und Zuckererbsen können auch als **Hängepflanzen** angebaut werden.

IDEALE KOMBINATIONEN

Kombinieren Sie am besten einjährige mit mehrjährigen Pflanzen, Flachwurzler mit Mittelwurzlern, Salat mit Bohnen, Kräutern und Blumen.

In größeren Töpfen lassen sich so verschiedene Pflanzgemeinschaften planen.

Eine ideale Kombination besteht aus **Mais + Kürbis + Bohnen:** Bohnen liefern Stickstoff, den die Starkzehrer Mais und Kürbisse benötigen. Letztere müssen ohnehin in große Gefäße gepflanzt werden und brauchen viel Wasser.

Zu **Tomaten** passen grundsätzlich alle **Basilikumarten.** Sie schützen einander vor unfreundlichen Insekten oder Krankheiten. Die Blüten der Tomaten werden mit großer Leidenschaft von Hummeln und Nachtfaltern bestäubt. Basilikum als Lippenblütler zieht Bienen, Wildbienen und andere Insekten an.

Aus vergleichbaren Gründen sollten Schmetterlingsblütler wie **Bohnen** mit dem Lippenblütler **Bohnenkraut** zusammen gepflanzt werden

Es handelt sich also nicht nur um Pflanzgemeinschaften, sondern um **Lebensgemeinschaften:** Eine Pflanze braucht für die Bestäubung die Insekten, und die Insekten brauchen die Blütenpflanzen, alle Pflanzen wiederum die Mikroorganismen des Bodens.

IM BALKONKASTEN

Pflanzgemeinschaften können Sie auch für Balkonhängekästen einplanen – wenn diese mindestens 60–80 cm lang, 20–30 cm breit und 20–30 cm hoch sind. Darin können jedoch nur niedrige Pflanzen kombiniert werden. Beispielsweise lassen sich drei Kohlrabi unterbringen, dazwischen einige Pflücksalate und zwei Cosmea für den Sommerflor und als Pollenspender für Bienen.

> Bevor Sie Pflanzen zueinander setzen, bringen Sie in Erfahrung, wie groß und breit sie werden können. Fast immer wird zu eng gesetzt, weil man nicht damit rechnet, dass aus einem 15 cm kleinen Pflänzlein ein Riese wird, der am liebsten den ganzen Balkonkasten für sich hätte. Die Zwischenräume müssen groß genug sein, damit beispielsweise genügend Luft die Blätter vom Tau oder Regen trocknen kann. Andernfalls bekommen die Pflanzen „Platzangst“ oder Krankheiten.

Wenn **Flach- und Mittelwurzler** (→ Seite 60) abwechselnd eingesetzt werden, ergänzen sie sich optimal: Damit hat jede Pflanzenart den für sie notwendigen Wurzelraum. **Flachwurzler** wie Salate, Feldsalat, Vogelmiere und Postelein können gut mit Zwiebeln oder Mangold kombiniert werden.

Heilpflanzen wie z. B. Kamille, **Kräuter** wie z. B. Dost, **essbare Blumen** wie Glockenblumen oder auch nur **Zierpflanzen** wie z. B. Cosmea oder Storchschnabel sind eine tolle Begleitung für die Mischkultur und zugleich bei den Bienen als Futter beliebt.

Beispiele: Anordnung im Balkonkasten

- Kohlrabi | Salat | Kohlrabi | Tagetes | Salat | Kohlrabi
- Storchschnabel (Hängeform) | Zwiebeln | Ringelblumen | Erdbeeren | Zwiebeln
- Flockenblume | Pak Choi | Salat | Hängeglockenblume | Rucola | hohe rundblättrige Glockenblumensorte
- Lauch | Kopfsalat | Radieschen | Gundermann | Lauch
- Taubenskabiose | Mangold | Thymian | Salbei | Acker-Witwenblume

FARBLICHE EFFEKTE

Nutzpflanzen lassen sich gut mit **Zier- bzw. Wildpflanzen** kombinieren. So können Sie schöne farbliche Effekte schaffen: Roter Mangold wird neben roter Kapuzinerkresse oder orangeroter Tagetes zu einem Blickfang.

Mangold gibt es auch in Gelb, Orange und normalerweise Grün, sodass je nach Vorliebe der Farbgestaltung keine Grenzen gesetzt sind: Oranger Mangold, orange Kapuzinerkresse und orange Calendula ergänzen sich wunderbar in diesem Farbton. Reizvoll wirkt auch gelber Mangold mit gelber Calendula oder gelber Kapuzinerkresse.

EXKURS

Das farbenfrohe Aussehen der Pflanzen hat mehrere Gründe:

- *Pflanzen locken mit bunten Blüten Insekten an.*
- *Die natürlichen* **Pflanzenfarbstoffe,** *sogenannte Anthocyane, zählen zu den wertvollen sekundären Pflanzenstoffen, die eine antioxidative Wirkung haben und Freie Radikale in den Zellen binden. Die Anthocyane färben beispielsweise Mangold rot, gelb oder orange und Auberginen blau oder violett.*
- *Rote Farbstoffe enthalten Bitterstoffe, die vielen Tieren nicht schmecken. So schützen sie die Pflanzen davor, gefressen zu werden.*

TIEFWURZLER

Tiefwurzler (→ S. 60) brauchen immer ein hohes Gefäß (→ S. 30). Als „Pflanzgefährten" passen dazu **Flachwurzler.** Zu Gehölzen wie Stachelbeere, Johannisbeere, Erdbeeren oder Weintraube sind Tagetes, Pflücksalate, Kapuzinerkresse, Radicchio, Vogelmiere, Knoblauch, Lauchzwiebel gut geeignet.

Tagetes (Studentenblume), zwischen Gemüse oder Beeren gepflanzt, verhindert Nematoden, sogenannte Wurzelälchen. Diese Fadenwürmer knabbern gern an den Wurzeln von Gemüse oder Zierblumen und schwächen so die Pflanzen. Tagetes unterbinden mit ihren Wurzelausscheidungen und deren Düften den Appetit der Wurzelälchen.

Pflanzen Sie verschiedene **Glockenblumenarten** (auch deren Blüten sind essbar) zwischen **Gemüse.** Glockenblumen sind pflegeleicht und sehen auch in einem Blumenkasten inmitten von Kräutern wie Thymian, Salbei, Ysop bezaubernd aus. Es gibt niedrige, hohe und mehrfachblühende Arten; ihre Blüten sichern einer besonders gefährdeten Wildbienenart das Überleben, die sich im Lauf der Evolution ausschließlich auf Glockenblumenblüten spezialisiert hat.

KRÄUTER UND BLUMEN

Setzen Sie zu Gemüse, vor allem zu den Kreuzblütlern, Kräuter und Blumen. Ideal sind Ringelblume, Kamille, Tagetes und Storchschnabel. (Nachtschattengewächse erhalten keine Unterpflanzungen.)

Brennnesselwurzeln beinhalten sog. Saponine, die das Wachstum anderer Pflanzen fördern. Wachsen Brennnesseln unter einem **Apfelbaum,** hat das eine positive Wirkung für den Geschmack und die Haltbarkeit der Äpfel.

Bodenorganismen wirken sich positiv auf das Pflanzenwachstum und die Pflanzengesundheit aus. Mit ihren Wurzelausscheidungen schützen und fördern sich verschiedene Pflanzenarten gegenseitig. Daher sollte selbst auf kleinsten Balkonflächen eine größtmögliche Vielfalt erreicht werden.

HOCHSTÄMMCHEN UNTERPFLANZEN

In der Variante als Hochstämmchen gibt es Johannisbeeren, Stachelbeeren oder Rosen zu kaufen. Um den vertikalen Raum zu nutzen, können Sie Hochstämmchen (vertikal) mit Flachwurzlern (horizontal) kombinieren. Dies ist in der Variante als Strauch- oder Buschware nicht möglich, da Büsche in die Breite wachsen.

Zum Unterpflanzen eignen sich Salate, Blumen und Erdbeeren, Knoblauch, Lauchzwiebel, Radieschen, Tagetes oder Kapuzinerkresse. Der Platz kann ganzjährig genutzt werden, um immer wieder neue Flachwurzler aus- und nachzusäen.

Möchtest du nicht in meinen Garten kommen? Ich würde dich gerne meinen Rosen vorstellen.
Richard Brinsley Sheridan
(ir. Dramatiker und Politiker, 1751–1816)

„EINZELGÄNGER"

Nicht alle Pflanzen sind jedoch für Pflanzgemeinschaften geeignet: Stark wuchernde Pflanzen müssen allein leben, da sie andere Pflanzen verdrängen und damit schwächen würden. Dazu gehören alle Minzearten und die Zitronenmelisse. Auch Nachtschattengewächse sollten in einem eigenen Topf leben.

✗ Setzen Sie nie mehrere Pflanzen zusammen in kleine Töpfchen; das bedeutet Stress für die Pflanzen.

✗ SCHLECHTE PARTNER

Folgende Pflanzen vertragen sich nicht miteinander:

- Bohnen mit Zwiebeln oder Erbsen
- Zwiebeln mit Bohnen, Erbsen oder Kohl
- Tomaten mit Erbsen oder Gurken
- Knollenfenchel mit anderen Gemüsesorten
- Lauch mit Bohnen, Erbsen, Roter Bete
- Buschbohnen mit Erbsen, Fenchel, Knoblauch, Lauch, Zwiebeln

Ganzheitlich denken und handeln – auch im Kleinen – ist das Thema unserer Zeit.

Obst und Beeren

Ausschlaggebend für die Wahl Ihrer Pflanzen ist vor allem die Ausrichtung des Balkons. In manchen Regionen wird zusätzlicher Schutz aufgrund des regionalen Klimas nötig. Planen Sie von Anfang an mit „Pflanzgemeinschaften“. Je nachdem, wie viel Zeit Sie zur Verfügung haben, können Sie nun Ihre Planung konkretisieren (→ S. 60–78).

In den folgenden Kapiteln erfahren Sie, was es bei den einzelnen Pflanzen zusätzlich zu beachten gibt.

ANBAUFORMEN

Tatsächlich können Sie auf dem Balkon sogar Obstbäume anpflanzen, und zwar von zahlreichen Obstsorten. Diese sind in Größe und Form so angepasst, dass sie auch im Topf wachsen. Ihre Früchte haben eine normale Größe und schmecken nicht anders, als wir sie kennen. Zuchtformen für den Balkon sind aufgrund ihrer geringeren Größe weniger pflegeintensiv als Obstbäume im Garten.

Spindel- bzw. Buschbäume

Den „normalen“ Obstbäumen am ähnlichsten sind Spindel- oder Buschbäume. Es handelt sich dabei um etwas kleinere Gehölze, die 2–4 m hoch werden, eine Krone besitzen und viele Früchte tragen. Sie benötigen allerdings relativ viel Platz und werden mehrere Jahrzehnte alt. Sie müssen weniger stark zurückgeschnitten werden als „normale“ Obstbäume.

Zwergobstbäume

Diese Miniaturbäume haben eine Krone wie richtige Obstbäume, werden aber nur ca. 1,20–1,50 m hoch und 80 cm–1,50 m breit. Sie tragen weniger Früchte als ein normal großer Obstbaum.

Säulenobstbäume

Die schlank nach oben wachsenden Bäume werden 2–4 m hoch. Sie haben weder Krone noch Äste, sondern bestehen im Wesentlichen nur aus der Mittelachse. Entlang dieser Säule sprießen aus kleinen Trieben Blüten und Blätter. Säulenobstbäume werden je nach Größe maximal 15 Jahre alt.

Auf dem fünf Quadratmeter großen BUGA-Balkon 2005 habe ich vier Spindelbäume gepflanzt, die weiterhin gut gedeihen (→ S. 148).

Spalier- bzw. Formbäume

Zum Spalier gezogene Bäume passen sich aufgrund ihrer schmalen und platzsparenden Form dem Balkonraum gut an; hier gedeihen sie auch an Hauswänden (→ Foto rechts). Sie eignen sich als Sicht- und Windschutz sowie für die räumliche Gestaltung von Terrassen. Überlegen Sie bei der Auswahl, ob Ihnen die Spalierbäume gefallen und was für Ihre Balkonsituation angemessen ist.

Spalierobstbäume gibt es mit vielen alten Sorten – für Äpfel, Birnen, Kirschen, Pfirsiche, Aprikosen oder Zwetschgen. Baumschulen „erziehen" Ihnen auf Wunsch solche Raumbildner. Allerdings muss man länger darauf warten, bis die gewünschte Spalierform bei den Baumschulen erreicht ist.

Hochstämmchen

Nicht nur die klassischen Rosen, auch manche Beerengehölze – vor allem Johannisbeeren und Stachelbeeren – werden auf Hochstämmchen veredelt.

Aufgrund ihres dünnen Stamms müssen Hochstämmchen mit einem starken Pfahl gestützt werden. Mindestens 60 cm Topfhöhe und 80 cm Durchmesser sind für das Gefäß nötig.

Hochstämmchen kosten etwas mehr. Sie können mit Salaten, Blumen, Kräutern und Beeren unterpflanzt werden.

OBSTGEHÖLZE

Die Form von Säulenobst oder von Zwergobst ist etwas gewöhnungsbedürftig, doch angesichts der sehr begrenzten Anbaufläche auf Balkonen mit wenigen Quadratmetern halte ich sie für akzeptabel.

Es gibt Baumschulen (siehe Anhang), die über 700 alte Obstsorten kultivieren. Zu jeder Obstsorte werden zudem die Bestäubersorten genannt.

Egal, ob Kleinstobstbäume oder Buschbäume: Sie alle benötigen nährstoffreiche Erde und große Gefäße.

Apfelbaum
Birnbaum
Pfirsich
Nektarine
Aprikose

Apfelbäume sind unkompliziert. Da sie ihre Wurzeln in der Fläche ausbreiten (Flachwurzler), sollte der Gefäßdurchmesser nicht kleiner als 80–100 cm sein. Bei Säulenobst darf das Gefäß etwas kleiner sein. Apfelbäume vertragen Frost, Wind, Sonne, Regen.

Wenn Sie sich für einen Apfelbaum entscheiden, können Sie z. B. einen als Spalier gezogenen Baum erwerben. Im Fachhandel finden Sie sogar Varietäten mit zwei oder drei unterschiedlichen

Apfelsorten an einem Baum. So können sich die Apfelsorten gegenseitig bestäuben. Vor allem in Großstädten kann das entscheidend sein, wo in unmittelbarer Nähe keine Bestäubersorte vorkommt.

Der **Birnbaum** benötigt wegen seiner Pfahlwurzel ein sehr tiefes Gefäß mit 80–100 cm Höhe. Er hat ansonsten keine besonderen Ansprüche. Säulenobst kann in etwas kleineren Gefäßen mit 60–80 cm Höhe angebaut werden.

Die Früchte des **Pfirsichbaums** existieren in Weiß, Gelb, Rot und als Tellerpfirsiche, oder Weinbergpfirsiche. Wie bei den **Nektarinen** handelt es sich um Steinobst. Beide sollten regengeschützt stehen, um nicht die berüchtigte Kräuselkrankheit zu bekommen. (Die Kräuselkrankheit ist ein Pilz: Die Blätter kräuseln sich und fallen ab; der Baum treibt neu aus und erholt sich wieder.)

Auch die **Aprikose,** eine zauberhafte und sehr gesunde Frucht, mag gern einen geschützten, warmen Platz und volle Sonne, verträgt aber Regen.

Alle Obstgehölze und alle Beeren brauchen Licht und volle Sonne! Hat der Balkon eine Südost-Ausrichtung (noch gut) oder eine Südwest-Ausrichtung (sehr gut), sollte der Obstanbau gelingen – vorausgesetzt, der Balkon ist nicht von Bäumen oder anderen Häusern beschattet.

BEERENGEHÖLZE

- **Johannisbeeren**
- **Stachelbeeren**
- **Himbeeren**
- **Brombeeren**
- **Erdbeeren**

Johannisbeeren – schwarze, rote oder weiße – sind für jeden Balkon außer dem Nordbalkon geeignet. Ziehen Sie alte Sorten vor. Weiße Johannisbeeren haben weniger Säure als rote. Um die Vertikale zu nutzen, empfehle ich Hochstämmchen, die mit Salaten, Blumen und Beeren unterpflanzt werden können; das schafft eine schöne räumliche Wirkung. Ein Topf mit mindestens 60 cm Höhe und 80 cm Durchmesser ist nötig.

Es gibt gelbe, grüne, rote **Stachelbeeren,** die sich oft in Geschmack und Süße sehr unterscheiden. Auch hier empfehle ich die Vertikale mit Hochstämmchen. Topfhöhe mindestens 60 cm. Bei Strauch- oder Buschware ist eine Unterpflanzung nicht möglich.

Bei **Himbeeren** haben Sie die Wahl zwischen frühen und späten Sommerhimbeeren, Herbsthimbeeren oder ständig tragenden Himbeeren. Besonders aromatisch sind die gelben Herbsthimbeeren, die schon im Sommer bis zum Frost Früchte tragen. Gelbe Himbeeren haben weniger Säure als rote.

Himbeeren benötigen einen Topf mit großem Durchmesser (50–80 cm), der aber nicht besonders tief sein muss. Sie sind Flachwurzler und breiten sich aus. Eine Unterpflanzung mit Blumen oder Salaten ist nicht möglich. Himbeeren lassen sich mit Erdbeeren kombinieren, beide sind Flachwurzler.

Brombeeren ohne Dornen sind zwar praktisch, aber nicht so schmackhaft wie ihre Urform – und die hat nun mal Dornen. Brombeeren bilden lange Ruten, deshalb sollten sie z. B. an der Balkonbrüstung oder an einem Rankgerüst befestigt werden.

Es gibt einmal tragende und mehrfach tragende **Erdbeeren.** Den besten Geschmack bieten Monatserdbeeren, weil ihre Frucht wie die Walderdbeere schmeckt. Der Ertrag ist nicht hoch, aber beständig. Erdbeeren gibt es auch für Hängeampeln – leicht zu ernten, aber schwerer zu gießen, falls sie über Kopfhöhe hängen.

Heidelbeeren (Blaubeeren) benötigen saure Erde und deshalb einen eigenen und relativ großen Topf, Durchmesser 60 cm, Höhe 60–80 cm. Volle Sonne ist zum Ausreifen der Früchte und ihres Geschmacks notwendig.

Blaue **Weintrauben** haben sich nach meiner Erfahrung sehr gut bewährt und sind schmackhaft und süß. Kaufen Sie keine kernlosen Sorten, denn dabei handelt es sich um Hybriden (→ S. 104). Das wertvolle und teure Traubenkernöl wird aus Traubenkernen gewonnen – es wäre schade, diese wertvollen Inhaltsstoffe zu ächten. Weintrauben lassen sich sehr gut über die gesamte Balkonlänge und -breite ziehen, sodass die Trauben die volle Sonne erhalten.
Nötig ist eine Topfhöhe von mindestens 60–80 cm und ein Durchmesser von 50–60 cm.

Heilwirkungen von Obst und Beeren

Völlig unterschätzt und daher kaum thematisiert wird die Heilwirkung von Obst und Beeren.

Hätten Sie's gewusst?
Vor allem frische ***Walderdbeeren*** *schmecken nicht nur gut, sondern sind auch gesund. Selbst Blätter und Wurzeln werden als Blutreinigungsmittel verwendet.*

Stachelbeeren *wirken blutreinigend, verdauungsfördernd und harntreibend.*

Äpfel *sind entzündungshemmend und können gemäß Langzeitstudien bei täglichem Genuss Darmkrebs vorbeugen. Sie sind auch hilfreich bei Gicht, Rheuma, Arteriosklerose.*

Aprikosen *enthalten viele Vitamine, darunter die Vitamine* B_1 *und* B_2*, Vitamin C, Kalium, Eisen, Provitamin A (Carotin), Kalzium und Phosphor. Diese Stoffe sind wichtig für das Immunsystem, Zähne, Knochen und Stoffwechsel.*

Himbeeren *(Früchte und Blätter) wirken entzündungshemmend und stärken das Immunsystem. Sie helfen gegen Zahnfleisch- oder Darmentzündungen sowie Rheuma.*

Brombeerfrüchte *und* ***-blätter*** *wirken unter anderem entzündungshemmend.*

In vielen gekauften Früchteteemischungen finden sich unter anderem Blätter von Brombeeren, Himbeeren und/oder Erdbeeren.

Warum bereiten Sie nicht Ihren eigenen Früchtetee zu? Vorher müssen allerdings Ihre Pflanzen ausreichend Blätter gebildet haben, damit sie beim Entnehmen nicht zu sehr geschwächt werden. Zusammen mit Apfel- oder Orangenschalen (bitte nur aus zertifizierter Bioware) oder auch getrockneten Früchten lässt sich eine wunderbare Mischung herstellen.

Gemüse und Salate

Dass Gemüse und Salate gesund sind, dürfte allgemein bekannt sein. Dabei hat jede Sorte unterschiedliche Inhaltsstoffe. Es lohnt sich, sich mit Gemüse- und Salatsorten intensiver zu beschäftigen, um ihren positiven Einfluss auf die eigene Gesundheit zu erhöhen.

GEMÜSESORTEN

Alle Gemüsesorten können wunderbar zusammen mit Kräutern oder Blumen in einen Topf gepflanzt werden.

Kreuzblütler
Brokkoli
Eiszapfen
Kohlrabi ✱
Palmkohl
Radieschen ✱
Rosenkohl

Radieschen und **Eiszapfen** sind Mittelzehrer. Alle anderen Kohlsorten sind Starkzehrer.

Alle Kohlsorten kommen mit Wind und Regen gut zurecht. Sie benötigen einen sonnigen Standort auf West-, Süd- oder Ostbalkon.

Kürbisgewächse
Kürbis ✱
Zucchini ✱

Die sehr wärmeliebenden Pflanzen brauchen einen sonnigen Standort, vertragen aber auch Regen und Wind. Beide sind Starkzehrer.

Gurken

Gurken haben gern einen sehr warmen, wenig windigen, sonnigen Standort. Sie lieben ein feucht-warmes Milieu.

Schmetterlingsblütler
Bohnen
Erbsen

Aus **Stangenbohnen** lässt sich mit einem Rankgerüst ein eleganter Wind- und Sichtschutz herstellen. Buschbohnen benötigen dagegen viel Bodenfläche.

Erbsen benötigen ein Rankgerüst von nur ca. 50 cm Höhe.

Die einjährigen Hülsenfrüchte sind wunderbare Begleiter für Starkzehrer. Sie speichern Stickstoff, der auch nach dem Verrotten der einjährigen Hülsenfrüchte an den Wurzeln im Boden für andere Pflanzen verfügbar ist.

Nachtschattengewächse
Auberginen
Chilischoten
Kartoffeln
Paprikaschoten
Tomaten

Tomaten sind die beliebtesten Pflanzen auf dem Balkon; leider werden fast immer Hybriden verkauft. Liegen die Temperaturen unter 12 °C, stellen Tomaten ihr Wachstum ein.

Kartoffeln benötigen Sonne und müssen im Topf immer wieder mit Erde aufgefüllt werden, sobald die Pflanze erneut ca. 20 cm gewachsen ist – nur dann bilden sich aus dem Stängel genügend Wurzeln mit Knollen. Südseite oder Westseite, volle Sonne, nach Möglichkeit nicht zu viel direkten Regen. Ernten erst, wenn das Laub vollkommen verdorrt ist!

Alle mögen pure Sonne, aber keinen Regen. Wind hilft dagegen, dass bei Tomaten und Kartoffeln keine Braunfäule und bei den anderen Gewächsen keine Blattkrankheiten entstehen.

Alle sind Starkzehrer und wollen nur auf Ihren Süd- oder Westbalkon.

Bei Frost sollte man empfindliche Sorten wie **Auberginen, Chili, Paprika** und **Tomaten** mit Vlies abdecken.

An der Blütenform von Tomate, Chili, Kartoffeln etc. erkennt man die Familie der Nachtschattengewächse. Früher trugen die Damen die besonderen Blüten der Kartoffeln als Schmuck im Haar.

Andere Gemüsesorten
Okraschoten *(Malvengewächs)*

Okraschoten (Gemüseeibisch) sind möglicherweise ein „Gewinner" der Klimaveränderung. Die Pflanze, die aus Indien und Afrika stammt, ist allerdings etwas schwierig für Anfänger. Sie benötigt viel Sonne und Zärtlichkeit.

Rote Bete *(Fuchsschwanzgewächs)*
Guter Heinrich *(Fuchsschwanzgewächs)*
Mangold *(Fuchsschwanzgewächs)*
Melde *(Fuchsschwanzgewächs)*

Winterheckzwiebeln *(Lauchgewächs)*
Knoblauch *(Lauchgewächs)*
Lauchzwiebeln *(Lauchgewächs)*
Zwiebeln *(Lauchgewächs)*

Für Südost- und Südwestbalkone sind diese Gemüsesorten gut geeignet. Ihr Geschmack bildet sich durch ausreichenden Sonnenschein.

Rote Bete und **Mangold** mögen als Mittelzehrer verwöhnt werden, lieben die Sonne, vertragen Regen und Wind.

Lauch *(Lauchgewächs)*
Knollenfenchel *(Doldenblütler)*
Knollenziest *(Lippenblütler)*

Lauch ist unproblematisch. Er mag Ost-, West- und Südlagen, verträgt Regen und Wind und liebt guten Humus.

Lauch und **Knollenfenchel** können bei zu großer Hitze zu einer vorwitzigen Blüte neigen – zur Freude von Schmetterlingen.

Knollenziest ist eine vergessene alte Kultursorte, die früher als Delikatesse galt. Sie bevorzugt einen leichten Boden.

Außer der Okraschote kommen die hier genannten Gemüsesorten bei normalen Witterungsbedingungen in allen Regionen Deutschlands, Österreichs und der Schweiz gut zurecht.

Bei normalem Sonnenschein ohne besondere Hitze und mit guter Wasserversorgung dürfte es weder bei den einjährigen Gemüse- und Salatsorten noch bei den Wintergemüsen Probleme geben. Die Okraschote mag es gern sehr warm.

SALATSORTEN

Salate sind Schwachzehrer und lassen sich auch auf Nordbalkonen gut kultivieren. Sie sollen nicht zur Blüte kommen, da die Blätter sonst bitter werden. Der Standort sollte aber nicht zusätzlich verschattet sein, denn Licht benötigen alle Pflanzen für die Photosynthese. Salat eignet sich für alle Balkonausrichtungen.

Asiatische Salate
Barbarakraut ✿
Feldsalat
Kopfsalat
Löwenzahn ✿
Pflücksalat
Postelein (Portulak)
Radicchio
Rucola (Rauke) ✿

Feldsalat hält sogar Frost aus. Er und **Postelein** sind auch für den Winter geeignet.

Kräuter und Blumen

Die meisten Kräuter eignen sich als Pflanzpartner für Obst, Gemüse, Salate und Blumen. Ihre Heilwirkung kommt nicht nur den Pflanzen, sondern auch Menschen und Tieren zugute. Darum sollte eine größtmögliche Artenvielfalt von Kräutern angebaut werden.

Frisch gepflückte Kräuter vom eigenen Balkon duften unvergleichlich intensiv. Zudem enthalten sie noch alle wichtigen Inhaltsstoffe – Vitamine, Flavonoide, Antioxidantien, Mineralstoffe etc.

Kräuter und Blumen sind ein Paradebeispiel für das ganzheitliche Prinzip der Permakultur und zeigen die verschiedenen Qualitäten von Pflanzen auf. Sie

- lassen sich als Kräuterjauche für Pflanzen ansetzen.
- sind eine „Bienenweide" und bei vielen Insekten als Futterpflanze begehrt.
- können als Gewürzzusatz in der Küche eingesetzt werden.
- sind meistens Heilpflanzen und lassen sich als Kräutertee ansetzen.

Denken Sie daran, dass Kräuter, vor allem die **mediterranen Kräuter,** eine **nährstoffärmere** Erde und weniger Wasser benötigen.

Heimische Kräuter wie z. B. Schnittlauch oder Barbarakraut gedeihen in **normaler Erde mit mehr Nährstoffen,** die etwas **feuchter** ist und außerdem gut belüftet sein muss.

MEDITERRANE KRÄUTER (STAUDEN)

Wenn es um den Anbau und die Platzverteilung geht, werden oft zuerst mediterrane Kräuter genannt. Es gibt aber noch viele andere wunderbare Kräuter.

Lippenblütler
Lavendel
Rosmarin
Salbei
Thymian

Lavendel bieten Staudengärtnereien in unendlich vielen Sorten an. Möchten Sie lieber niedrigen hellblauen, dunkelblauen, langsam wachsenden oder weiß blühenden Lavendel? Seine ätherischen Öle duften sehr intensiv. Ernten Sie im Sommer die Blüten, schon duftet der Wäscheschrank – Lavendelduft vertreibt Kleidermotten und auch Ameisen.

Lavendeltee hilft bei Einschlafstörungen oder Unruhe und wirkt stimmungsaufhellend.
Vor dem Servieren zuerst ausprobieren, wie viel vom Kraut einen stimmigen harmonischen Tee ergibt. Bei zu vielen Blättern und Blüten kann der Tee penetrant schmecken.

Rosmarin-Büsche werden in milden Regionen wie Rheinland-Pfalz riesig und blühen im schönstem Romantikblau. (Im Winter nicht in die Wohnung stellen, sondern an einen geschützten Balkonplatz, damit er abgehärtet wird!) Rosmarin ist frostempfindlich und sollte im Winter zum Schutz mit Heu, Stroh oder Schafwolle eingewickelt werden.
beruhigend, antioxidativ, entzündungshemmend

Gießen Sie für eine Tasse ½ TL frischen Rosmarin mit kochendem Wasser auf; er ersetzt sogar die Wirkung von Kaffee. Rosmarintee ist gut für die Schönheit, die Konzentration und für den Kreislauf. Er wirkt antibakteriell und pilztötend und hilft bei Gicht, rheumatischen Erkrankungen, Migräne sowie Verdauungsbeschwerden.

Von **Salbei** existieren verschiedene Sorten, auch mit gelb oder rot panaschierten Blättern. Am gesündesten ist der grünblättrige Salbei *(Salvia officinalis)*. Er wirkt antibakteriell, antiviral.

Von **Thymian** kann man nie genug haben. Es gibt viele Sorten und jeder hat einen besonderen Geschmack: Orangen- und Zitronenthymian, niedrige und polsterförmig wachsende Sorten etc. Thymian wirkt antibakteriell und antiviral.

Rosmarin, Salbei und Thymian lassen sich einzeln oder als Mischung sehr gut als Teekräuter verwenden. Auch diese Lippenblütler haben besondere Heilkräfte. Von den drei Arten lässt sich nicht nur im Winter immer frischer Tee zubereiten, der gegen Erkältungskrankheiten hilft.

Die vorgenannten Kräuter sind **Stauden,** sind also mehrjährig und verholzen an der Basis. Damit sie nicht „vergreisen", sondern wieder austreiben, ist regelmäßiges Ernten und im Frühjahr ein Rückschnitt um etwa ein Drittel der Pflanze notwendig. Alle mögen Sonne, Sonne, Sonne – aber keine nassen Füsse!

ANDERE KRÄUTER – HEIMISCH UND MEDITERRAN

Die folgenden Kräuter sind überwiegend einjährig, manche davon auch mehrjährig. Auf Etiketten und Saatguttütchen ist vermerkt, ob eine Pflanze ein-, zwei- oder mehrjährig ist.

Anis-Ysop, Anis-Duftnessel *(Lippenblütler)* ✿
Barbarakraut *(Kreuzblütler)*
Basilikum *(Lippenblütler)* ✿
Beifuß *(Korbblütler)*
Bohnenkraut *(Lippenblütler)* ✿
Dill *(Doldenblütler)*
Estragon *(Korbblütler)*
Gewürzfenchel *(Doldenblütler)*
Goldmelisse *(Lippenblütler)* ✿
Griechischer Bergtee *(Lippenblütl.)* ✿
Kapuzinerkresse
Kerbel *(Doldenblütler)*
Kümmel *(Doldenblütler)*
Majoran *(Lippenblütler)* ✿
Oregano *(Lippenblütler)*
Pelargonien (Duftgeranien) ✿ *(Storchschnabelgewächs)*
Petersilie *(Doldenblütler)*
Pimpinelle *(Rosenblütler)*
Sauerampfer *(Knöterichgewächs)*
Schnittlauch *(Lauchgewächs)* ✿

Anis-Ysop oder **Anis-Duftnessel**
(Agastache foeniculum)

ist eine schöne blau blühende Prärie-staude mit aufrechten Blütenkerzen. Sie liebt sonnige Standorte und nährstoffreiche Böden.

Die spitzen Blätter haben ein Anis-Fenchel-Aroma. Eine herrliche Tee-pflanze, mit der sich auch Schwarztee aromatisieren lässt.

Barbarakraut schmeckt wunderbar nach Brunnenkresse. Es kann auch auf den Ost- und den Westbalkon.

Von **Basilikum** existieren viele Sorten. Unverzichtbar ist es zu Tomaten – und mit solchen sollte es auch zusammen in einen Topf. Liebt Sonne.

In Indien ist Basilikum eine heilige Pflanze.
Es wirkt antibakteriell, beruhigend, harntreibend, krampflösend, schleimlösend, schmerzstillend und schweißtreibend.

Beifuß ist ein sehr würziges Kraut, das z.B. in den Entenbraten kommt. Es braucht Sonne.

Bohnenkraut gibt es als einjährige oder mehrjährige Pflanze. Es liebt Sonne. Wie der Name schon sagt, soll Bohnenkraut zu Bohnen gepflanzt werden; es ist auch eine gute Würze für diese.

Dill ist nicht von Gurkensalat wegzudenken. Blatt und Früchte sind essbar.

Für Tee, der nach Anis schmeckt, können Sie das Kraut oder die reifen, gemörserten Samen verwenden. Dill ist ein Schmetterlingsmagnet und liebt Sonne.

Estragon hat einen charakteristischen Geschmack. Man kann daraus Estragon-essig selbst herstellen. Auch für Ost- und Westbalkon geeignet.

Von **Gewürzfenchel** sind Blatt und Früchte verzehrbar im Salat.

Für Tee gegen Bauchweh, der nach Anis schmeckt, können Sie das Kraut oder die reifen, gemörserten Samen verwenden. Gewürzfenchel ist ein Schmetterlingsmagnet.

Die **Goldmelisse** *(Monarda didyma)*

fand den Weg aus Amerika zu uns. Erhält sie einen nährstoffreichen frischen Boden, blüht sie in sonniger Lage; sie kann aber auch im Halbschatten gedeihen. Von ihr als Lippenblütler sind auch Bienen, Hummeln und Schmetterlinge begeistert.

Für den Tee werden frische oder getrocknete Blätter genommen; das Bergamotte-Aroma und die zitronige Note sind geschmacklich sehr fein. Die Blätter lassen sich auch als Gewürz verwenden.

Goldmelisse wirkt gesundheitsunterstützend bei Bronchitis, Erkältungen, Husten, Migräne, Wechseljahresbeschwerden, Wunden und Fieber.

Griechischer Bergtee *(Sideritis syriaca)*

braucht volle Sonne, um sein Aroma entwickeln zu können.

Für mich gehört er zu den fantastischsten Teesorten – verwendet werden Blätter, Stängel und Blütenköpfe. (Junge, kleine Pflanzen sind zu schonen!)

Der Tee ist entzündungshemmend, hilft bei Magen- und Darmproblemen, bei Erkältungen und Husten. Er wirkt antibakteriell und stoffwechselfördernd. Am besten schmeckt er mit Honig. Sein samtig-silbriges Laub mit der Blüte verschönert den Balkon.

Kapuzinerkresse ist als Hängepflanze oder zur Unterpflanzung geeignet. Blüten, Blätter und Stiele schmecken angenehm scharf und wirken antibakteriell und antiviral. Die grünen Früchte können wie Kapern eingelegt werden. Die Pflanze ist unproblematisch für sonnige oder halbschattige Standorte und zieht Bienen an.

Kerbel ist ein schmackhaftes Kräutlein, das viel zu wenig eingesetzt wird.

Kümmel ist wie Dill, Fenchel und Kerbel schön, repräsentativ und für Schmetterlinge interessant.

Majoran gibt es als französische und italienische Variante. Beide Sorten sind sehr würzig und eignen sich etwa für Pizza. Majoran liebt Sonne.

Oregano, auch „Echter Dost" oder „Wilder Majoran", ist „das" Gewürz für mediterrane Speisen und Pizzen.
Er wirkt als Tee gegen Husten, Menstruationsbeschwerden und Hautentzündungen.

Blätter und Blüten von essbaren **Pelargonien (Duftgeranien)** gibt es in mehreren Geschmacksrichtungen – Klassiker sind Orangen- und Zitronenaroma. Die zarten Blüten ähneln optisch den Balkongeranien, die viele Bauernhäuser schmücken; diese können jedoch nicht verzehrt werden. Pelargonien sind nicht winterhart. Wenn ihnen Erde und Feuchtigkeit nicht passen, können sie empfindlich wie Mimosen sein.
Ihre Tinkturen wirken wundheilend, hautpflegend und antientzündlich.

Petersilie ist in der Küche unverzichtbar. Wenn die Erde jedoch nicht passt, keimt sie kaum oder gar nicht. Petersilie mag es nicht zu heiß und nicht zu nass. Am besten einen Topf kaufen und selbst einpflanzen.

Pimpinelle ist ein zartes Kraut, das in die Frankfurter Sauce (aus 7 Kräutern) und die Gründonnerstagssuppe (aus 9 Kräutern) gehört.

Sauerampfer eignet sich gut für Salat. Je rötlicher die Blätter, umso mehr säuerliche Oxalsäure ist enthalten (die nicht jedem schmeckt und kurzfristig ein Gefühl von Zahnbelag verursacht).

Schnittlauch zieht mit seinen Blüten Bienen und Hummeln an. Sowohl Halme als auch Blüten schmecken wunderbar. Den Schnittlauch etwas feuchter halten, immer wieder ernten oder zurückschneiden. Im Winter auf die Fensterbank stellen. Im Sommer sind Ost-, West- und Nordbalkon geeignet; auf dem Südbalkon braucht er Halbschatten.
Schnittlauch wirkt bei Magen- und Darmentzündungen, Husten, Gicht, Bluthochdruck.

Die obigen Kräuter lassen sich mit Blumen, Salat und Gemüsearten als Mischkultur gut kombinieren, vorausgesetzt der Balkon hat eine Ost-, West- oder Südlage. Alle haben vorzügliche Heilwirkungen.

ALLEIN LEBENDE KRÄUTER

Pfefferminze *(Lippenblütler)* ❋

Zitronenmelisse *(Lippenblütler)* ❋

Pfefferminze braucht viel Platz, ist ein Individualist und lebt gern allein. Minzen sind wie Diven: Sie beanspruchen viel Platz in einem eigenen Gefäß. Der Standort sollte sonnig sein, die Erde nährstoffreich und immer etwas feucht. Minzen sind winterhart, mögen aber etwas Winterschutz. Sie ziehen Bienen und Insekten an. Nicht verschiedene Minzearten in einen Topf pflanzen!

Minzen helfen bei Migräne, Rheuma und Schlaflosigkeit; sie wirken beruhigend, entzündungshemmend, krampflösend, schmerzstillend, antibakteriell.

Zitronenmelisse *(Melissa officinalis)* hat ein starkes Ausbreitungsbedürfnis und darf deshalb allein leben. Sie braucht einen eigenen großen Topf mit nährstoffreicher Erde. Sie verträgt einen vollsonnigen oder halbschattigen Standort. Als Lippenblütler wird sie gern von vielen Insektenarten besucht.

Sie duftet nach Zitrone und schmeckt sehr erfrischend, daher eignet sie sich gut für Limonaden und Tee.

Zitronenmelisse wirkt antibakteriell, antiviral, anregend, krampflösend und schmerzstillend. Sie hilft bei Nervosität, Magenschmerzen, Erkältungen und Menstruationsbeschwerden.

Kräuter, allen voran **Lippenblütler,** zu denen auch die Minzen gehören, haben das größte Repertoire an ätherischen Ölen/Düften. Beim Trocknen verlieren sie schnell den Duft und nach einem Jahr meist auch den Geschmack. Ätherische Öle sind leicht flüchtig. Das volle Aroma der Blätter bleibt erhalten, wenn diese sofort nach der Ernte eingefroren werden. Legen Sie die zu trocknenden Pflanzenteile dafür auf ein sauberes Tuch und lassen Sie sie an einem nicht zu feuchten, warmen Ort (aber nicht in der Sonne) ausreichend trocknen. **Alle Lippenblütler werden sehr gern von Insekten besucht.**

HEILENDE WILDKRÄUTER

Wildkräuter sind auf dem Balkon ein Muss. Man kann sie ohne großen Aufwand fast überall dazupflanzen und ganzjährig ernten.

Wildkräuter bevorzugen humosen Boden. Sie benötigen nicht die volle Sonne, sondern kommen mit Halbschatten sowie mit Wind und Regen sehr gut zurecht.

Brennnessel *(Brennnesselgewächs)*

Dost (Oregano) *(Lippenblütler)* ❋

Frauenmantel *(Rosengewächs)* ❋

Gänsefingerkraut *(Rosengewächs)*
Gundermann (Gundelrebe) *(Lippenblütler)*
Kamille *(Korbblütler)*
Löwenzahn *(Korbblütler)*
Schafgarbe *(Korbblütler)*
Spitzwegerich *(Wegerichgewächs)*
Vogelmiere *(Nelkengewächs)*

Die **Brennnessel** *(Urtica dioica)* wächst vorwiegend an halbschattigen Standorten mit stickstoff- und humusreichen, feuchten Böden.

Sie ist in Form von Brennnesseljauche (→ S. 129) für den Pflanzenschutz und als Dünger unverzichtbar. In der Küche kann sie als Gemüse zubereitet werden. Ihre Samen enthalten alle wichtigen Stoffe und sind schmackhaft. Sie fördert den Stoffwechsel, wirkt blutreinigend, blutstillend, blutbildend, entwässernd und wirkt gegen Bluthochdruck, Magen- und Nierenschwäche oder Frühjahrsmüdigkeit. Im Gegensatz zu Spinat hat sie einen hohen Eisengehalt.

Frauenmantel *(Alchemilla vulgaris)*

ist anspruchslos. Sie ist eine der wichtigsten Heilpflanzen insbesondere für Frauen (aber auch für Männer).
Sie wirkt krampflösend, blutstillend, wundheilend und wird bei Asthma, eitrigen Wunden, Erkältungen, Kopfschmerzen und Magenschwäche angewendet.

Dost, auch Oregano genannt, wirkt als Tee gegen Husten, Menstruationsbeschwerden und Hautentzündungen.

Gänsefingerkraut *(Potentilla anserina)*

Die schöne, gesunde und schmackhafte Pflanze sollte auch auf Ihren Balkon dürfen. Sie zieht Insekten an.

Sie wirkt entzündungshemmend, antibakteriell, beruhigend, krampflösend und hilft bei Durchfall, Menstruationsbeschwerden, Migräne und Sonnenbrand.

Gundermann, auch **Gundelrebe,**

ein lila blühender Lippenblütler, hilft bei schlecht heilenden Wunden, Husten und Schnupfen sowie Blasenschwäche. Er ist entzündungshemmend, schleim- und stoffwechselfördernd.

Kamille

wirkt bei Entzündungen und Fieber, regt das Immunsystem an. Sie ist für Insekten wichtig. Die Heilwirkung nehmen die Bienen vom Pollen auf. Aus Kamille lässt sich zauberhaftes Dessert kreieren.

Löwenzahn

ist ein Tausendsassa unter den Wildkräutern und eine unserer wichtigsten Heilpflanzen. Dabei kann er durchaus genügsam sein – fast überall, wo man ihn lässt, wächst er auch aus kleinen Ritzen. In gutem und humosem Boden wird er prächtig.

Lassen Sie auf Ihrem Balkon Löwenzahn wachsen. Alles an ihm ist essbar: Blatt, Blüte, Blütenstängel und im Spätherbst die Wurzel. Er enthält Bitterstoffe, die hilfreich für Galle und Leber sind.

In Italien wird Löwenzahn schon lange als Gemüse oder Salat zubereitet. Dort kann man auf Märkten auch Kulturlöwenzahn kaufen, dem jedoch die wertvollen Bitterstoffe fehlen.

Schafgarbe *(Achillea millefolium)*

ist neben Frauenmantel eine der bedeutendsten Frauenheilpflanzen. Sie wirkt z. B. antibakteriell, desinfizierend, entzündungshemmend, krampflösend, blutreinigend. Sie lindert Akne, Bluthochdruck, Durchfall, Erkältung, Gastritis, Gicht, Rheuma, Schnupfen, Wechseljahres- und Menstruationsbeschwerden.

Spitzwegerich *(Plantago lanceolata)*

braucht Boden, der nicht zu locker ist. Die Pflanze wird auch als „Naturpflaster" bezeichnet: Bei kleineren Verletzungen kann man die Blätter entweder direkt auf eine Wunde legen oder sie zerkauen und als Brei aufstreichen.

Spitzwegerich wirkt antibakteriell, antiviral, adstringierend und blutstillend. Er wird bei Husten und Bronchitis angewendet sowie bei Akne, Asthma, Ekzemen, Halsschmerzen, Quetschungen oder Verbrennungen. Bei Insektenstichen die zerquetschte Pflanze auf den Stich legen, und das Jucken verschwindet.

Vogelmiere *(Stellaria media)*

Die unscheinbare kleine Pflanze mit weißen sternförmigen Blüten liebt humusreichen Boden und wächst gern zwischen allen Pflanzen hindurch. Sie bevorzugt eher Halbschatten. Sie ist ein Flachwurzler, bedeckt den Boden, und kann ganzjährig geerntet werden.

Klein geschnitten, lässt sie sich als Salat zubereiten. Ihr Geschmack ähnelt dem von jungen Erbsen. Außerdem hilft dieses wunderbare Pflänzlein z. B. bei Hautproblemen, Schuppenflechte, Juckreiz, Bronchitis, Rheuma und schlecht heilenden Wunden. Vogelmiere ist einer der größten Vitamin-C-Lieferanten und wirkt antiviral.

BLUMEN

Blumen und Blüten in großer Vielfalt sind ebenso wichtig wie Gemüse, Salat oder Obstgehölze – vielleicht sogar wichtiger, da sie für alle Insektenarten eine unverzichtbare Nahrungsquelle sind. Ohne Insekten gibt es wiederum keine Bestäubung.

Auf dem Balkon bzw. der Terrasse können wir einiges für die wichtigen Bestäuber tun. Beispielsweise können wir Bienen, Hummeln und Co. ganzjährig Blüten anbieten: Wildpflanzen, einfache Blüten oder Blüten mit hohem Pollen- und Nektarangebot. Für sie ist immer Platz in den Gefäßen.

Das Leben zeugt Blumen und Bienen. Blumen, das sind die schöpferischen Geister, und Bienen die andern, die daraus Honig sammeln.
Christian Morgenstern
(dt. Dichter, 1871–1914)

Auch die Blüten von Pflanzen, die bereits an anderer Stelle vorgestellt wurden – etwa Kürbis- und Zucchiniblüten oder Kamille- bzw. Bohnenkrautblüten – sind für Insekten wichtig.

Die Artenvielfalt von Blüten ist essenziell für alle Insektenarten. Auf einem Permakulturbalkon sollten daher **ganzjährig Blüten** vorhanden sein. Rucola-, Schnittlauch-, Radieschen-, Kapuzinerkresse- oder Calendulablüten ziehen Bienen, Hummeln und Schmetterlinge an.

Insektenfreundliche Pflanzen sind jedoch einzeln nicht besonders wirkungsvoll (→ Exkurs rechts). Pflanzen Sie von einer Pflanzenart mehrere Exemplare (und je nach der Größe Ihres Balkons bzw. Ihrer Terrasse möglichst viele verschiedene Arten).

Malve

Bestäubungsleistung

*Eine Honigbiene besucht bei ausreichend vorhandenem Angebot etwa 700 Blüten pro Stunde. Im Sommer fliegen Bienen ca. 10 Stunden. Jede Biene besucht also 700 x 10 = **7000 Blüten** täglich.*

In einem Bienenstock befinden sich zur Hochsommerzeit 40 000–60 000 Bienen. Davon sind etwa 40 000 Bienen Flugbienen.
*Ein einziges Bienenvolk besucht also 7000 x 40 000 = **280 Mio. Blüten** pro Tag – allerdings nur, wenn das Angebot groß genug ist.*

In Geld umgerechnet, entspricht die Bestäubungsleistung von Insekten jährlich etwa 100 Milliarden Dollar; manche Wissenschaftler schätzen sie sogar auf über 150 Milliarden. Denn ohne Bestäubung gäbe es weder Pflanzen noch die daraus hergestellten Lebensmittel. Zudem sind Insekten das wichtigste Glied in der Nahrungskette.

Phlox

BLÜTEN FÜR INSEKTEN
Bergflockenblumen
Blutweiderich
Calamintha nepeta
Cosmeen („Schmuckkörbchen“)
Dunkle Polsterglockenblumen
Färberkamille
Frühjahrs-, Sommer- oder Herbstastern
Gelenkblumen
Glockenblumenarten
Kandelaber-Ehrenpreis
Katzengamander
Katzenminze
Klatschmohn ✺
Kornblumen ✺
Küchenschellen
Lavendel
Malve ✺
Mannstreu
Mädesüß ✺
Margeriten ✺
Monarden ✺
Nachtkerzen ✺
Nelken ✺
niedrige Fetthenne
Phlox ✺
Rosen ✺

Rosen sind Starkzehrer und Tiefwurzler, brauchen immer eine gute Versorgung mit Nährstoffen und vor allem ausreichend Wasser.

Bevor ich Rosen kaufe, sehe ich sie mir im Fachhandel immer persönlich an. Sowohl Blütenform, Blütenfarbe und Duft müssen für mich stimmig sein. Unbedingt prüfen, wie groß sie werden können.

Roter Sonnenhut

Rudbeckia

Skabiose

Sonnenblumen ✿

Sonnenbraut

Sonnenröschen

Spornblumen

Steppenkerzen

Stiefmütterchen ✿

Storchschnabelarten

Storchschnabelarten sind mehrjährig, unkompliziert und blühen bis zum Frost

Tagetes ✿

Taglilie ✿

Ziest

Zwerg-Ehrenpreis

Zwerg-Flockenblumen

Zwerg-Gamander

✕ Kaufen Sie keinesfalls Hybriden! Nahezu jede Pflanze, ob groß oder klein, ob ein- oder mehrjährig, will zur Blüte kommen. Ihr Ziel besteht darin, sich zu vermehren, sich zu verbreiten und Nachkommen zu schaffen, um im evolutionären Prozess zu bestehen. Die Erreichung dieses Ziel ist bei Hybriden fundamental gestört (→ S. 104).

Tagetes

Taglilie

Nisthilfen

Täglich verschwinden Lebensräume für Insekten. Die Ursachen reichen von der Vernichtung der Wälder über Pestizideinsatz bis zum Verlust der Artenvielfalt. Auf dem Balkon können Sie auf regengeschützter Süd-, West- oder Ostseite Nisthilfen für Wildbienen anbringen.

Im Winter müssen Nisthilfen mit engmaschigem Hasendraht gesichert werden (2 cm Abstand zu den Stängeln bzw. Bohrlöchern), damit hungrige Vögel nicht die Brut auspicken.

✕ Der Markt bietet unendlich viele Varianten, die sehr billig produziert sind; die meisten davon sind untauglich oder für Wildbienen gefährlich!

HOHLE STÄNGEL

Sie benötigen:

- hohle Schilf-, Stroh-, Holler-, Rosen- oder Brombeerstängel
- leere Dosen oder Holzkisten

1. Packen Sie die Stängel dicht an dicht, mit der Öffnung nach vorn, in die leeren Dosen oder Kisten. Sie sollen vorn bündig mit dem Rand abschließen.

2. Innerhalb kürzester Zeit werden die Stängel von Wildbienen bezogen.

BOHRLÖCHER IM HOLZ

Sie benötigen:

- Holzstücke von Laubholz (außer Stirnholz)
- eine Bohrmaschine

✕ Verwenden Sie kein Stirnholz oder Nadelholz (Fichte, Lärche, Kiefer, Tanne). Bauen Sie keine Ziegelsteine, Zapfen oder Schneckenhäuser ein.

1. Bohren Sie Nistlöcher in das Holz. Die Bohrlöcher müssen ganz glatt sein; sie dürfen keine Splitter aufweisen, sonst werden die Flügel der Insekten verletzt.

2. Die Insekten werden sich in den Bohrlöchern einnisten.

Essbare Blüten

Bunte Blüten sind nicht nur schön, sondern auch gesund: Sie enthalten Farbstoffe namens Flavonoide, die zu den sekundären Pflanzenstoffen gehören und für ihre antioxidative Wirkung bekannt sind. Flavonoide sind für den Stoffwechsel der Pflanze wichtig und bieten ihr Schutz vor schädlichen Einflüssen.

Wasserlösliche Pflanzenfarbstoffe liegen überwiegend im Farbspektrum Rot bis Violett, fettlösliche überwiegend im Farbspektrum Gelb bis Rot. Die meisten Blütenblätter enthalten beide. Häufig kommen in den Zellen der Blütenblätter mehrere Farbstoffe nebeneinander vor und mischen sich. Die Inhaltsstoffe in den Blüten unterscheiden sich wiederum von denen in der Wurzel, im Stängel oder im Blatt. So hat jede Pflanze vielfältige Wirkungen zu bieten.

Wenn wir von unseren Pflanzen Blüten verwenden, um daraus Sirup, Essig und Salate zuzubereiten oder Gerichte damit zu verzieren, ist dies durchaus vertretbar: Die meisten Blüten lassen wir ohnehin für Bienen, Hummeln, Schmetterlinge und andere Insekten stehen und erfreuen uns an ihrer Pracht. Außerdem gewinnen wir unser eigenes Saatgut, indem wir Blüten und deren Samen ausreifen lassen (→ S. 112).

Als Dekoration für den Teller oder für Speisen dürfen ausschließlich essbare Blüten verwendet werden. Auch den Esstisch bitte nur mit essbaren Blüten verzieren.

✕ Verwenden Sie keinesfalls Blüten aus geschenkten oder gekauften Blumensträußen!

Bevor Sie Blüten für Salate, Suppen oder Desserts verwenden, sollte Sie die grünen Teile, die Kelchblätter, entfernen, ebenso das Innere der Blüte, die Pollenblätter und den Stempel. Beides schmeckt – je nach Pflanzenart – mehr oder weniger bitter. Blüten sollten nicht gewaschen werden, denn dabei verlieren sie zu viel von ihrem Geschmack; manche ätherischen Öle sind wasserlöslich. Schütteln Sie die Blüten nur aus; so kann noch der kleinste Käfer rechtzeitig das Weite suchen.

Für **Salate, Suppen und Hauptgerichte** eignen sich Blüten von Ackersenf, Kapuzinerkresse, Knoblauch, Bärlauch, Basilikum, Thymian, Salbei, Rosmarin, Majoran, Dill, Fenchel, Bohnenkraut, Schnittlauch oder Borretsch.

Je nach Jahreszeit lassen sich natürlich auch in der Natur Blüten ernten: Bärlauchblüten, Knoblauchsrauke, Veilchen, Gänseblümchen, Flieder, Akazie oder Lindenblüten. Blüten und Blätter von Wildpflanzen sind wesentlich inhaltsreicher als von Kulturpflanzen. Aber auch die Blüten vom Balkon fördern die Gesundheit – vor allem, wenn sie von Pflanzen mit ätherischen Ölen stammen, wie so manchem Lippenblütler.

Senfölglycoside sind nur in Kreuzblütlern enthalten, z.B. in allen Kohlsorten, Radieschen, Ackersenf, Gartenkresse, Barbarakraut oder Rucola. Sie wirken antibakteriell und entzündungshemmend.

Die Blüten der Pflanzen mit Senfölglycosiden schmecken intensiv, manchmal sogar scharf.

Für **Desserts** eignen sich nur süßlich schmeckende Blüten. Dazu gehören Blüten von Kamille, Ringelblume, Stiefmütterchen, Gänseblümchen, Veilchen, Lavendel, Goldmelisse (Indianernessel), Rosen, Phlox und Fuchsie (→ Foto).

✗ Es gibt viele Blüten, die wunderbar duften, aber sehr giftig sind – unter anderem Maiglöckchen oder Lilien. Lassen Sie sich nur von Blüten verführen, die Sie wirklich kennen!

Pflanzenarten und Gesundheit

Vor der Entwicklung der modernen Medizin basierte die Gesundheitsfürsorge im Wesentlichen auf der Heilwirkung traditioneller Pflanzen. Heute haben die Pflanzen, die man im Handel findet, ihre heilende Wirkung stark eingebüßt oder sogar verloren. Bei der überwiegenden Anzahl der Kräuter, aber auch der Zierpflanzen, Blumen, Stauden und Gehölze handelt es sich nämlich um **Hybriden.**

EVOLUTION DER PFLANZEN

Die Artenvielfalt weltweit hat sich in der Evolution über Millionen Jahre entwickelt. Das Erbgut der Pflanzen beruht auf einem hochkomplexen System vielfältiger Wechselwirkungen; dadurch verfügen die Pflanzen über Mechanismen, um ihre eigene, aber auch andere Arten zu stärken. Sie haben zu ihrem eigenen Schutz Inhaltsstoffe – z. B. Bitterstoffe und Gifte – ausgebildet, die wir für heilkundliche Zwecke nutzen können.

In der Natur sind die meisten Pflanzenarten „selbststeril" oder „selbstunfruchtbar": Sie können sich nicht selbst bestäuben. Ein Apfelbaum benötigt immer den Pollen einer anderen Apfelbaumsorte, nicht seiner eigenen. Dieser evolutionäre Prozess schützt die Pflanzen vor Krankheiten, die „Inzucht" mit sich bringen würde; mit jeder Bestäubung kommt so wieder neues genetisches Material hinzu.

Hybridpflanzen

Hybridpflanzen dagegen entstehen praktisch durch Inzucht. Sie sind mechanisch, chemisch oder genetisch produzierte „Einwegpflanzen". Gerade die modernen Hybridsorten werden mit zunehmend komplizierten biotechnologischen Methoden hergestellt, die eine Abgrenzung zur Gentechnik schwierig machen.

Die Eingriffe von außen zerstören die Qualitäten der Pflanzen. Neu gezüchtete Apfelsorten beispielsweise können Allergien auslösen – im schlimmsten Fall Kreuzallergien, d.h. zuerst verträgt man kein Kernobst (Apfel, Birne) und später auch kein Steinobst (Kirsche, Mirabelle, Zwetschge etc.) mehr.

Hauptgrund für die genetischen Eingriffe ist die Vermarktbarkeit: Neue Apfelsorten, die nicht mehr oxidieren, d.h. deren Schnittfläche nicht mehr braun wird, wenn man sie anschneidet, wirken auf die Verbraucher attraktiver als herkömmliche Sorten.

So wurden im Verlauf der letzten 20 Jahre die herkömmlich – durch bloße Kreuzung und Auslese – gezüchteten Sorten gründlich vom Markt verdrängt. Sorten wie Mais, Karotten, Brokkoli, Spinat oder Tomaten sind heute fast nur noch als Hybridsaatgut erhältlich; beim Gemüse bestehen drei Viertel des Angebots aus Hybridsorten.

„Durch den Einsatz von Hybriden wird die natürliche Generationenfolge aufgelöst, und die fruchtbare Weiterentwicklung, die dem Menschen seit Tausenden von Jahren die Zucht von Kulturpflanzen ermöglicht hat, kommt zum Stillstand." (Christina Henatsch, Kultursaatzüchterin)

Hybridsamen werden von ökologischen Gärtnern, Öko-Anbauverbänden und Vereinen, die sich der Erhaltung alter Sorten verschrieben haben, nicht akzeptiert. Da jedoch Obst und Gemüse aus Hybridsaatgut nicht als solches deklariert werden muss, landet es auch in den Regalen der Bio-Supermärkte.

Das Aussehen, die Größe und auch der Geschmack von Hybridgemüse und -obst wird zwar auch positiv bewertet; allerdings sagt das nichts über die Inhaltsstoffe und die Qualität der Lebensmittel aus. Häufig ist das Hybridsaatgut mit Fungiziden, Insektiziden und anderem gebeizt. Die Beizmittel sind hochgiftig und lassen sich sowohl in der ganzen Pflanze als auch in der Erde nachweisen.

Alte Sorten

Alte Kultursorten haben sich über Jahrhunderte an die Bedingungen vor Ort angepasst und überstehen Wetterkapriolen meist gut. Besonders ausgeprägt ist die „Individualität" natürlich entstandener Obst- und Gemüsesorten: Jeder Apfel lässt sich in der Farbe, im Aussehen, der Anordnung der Kerne im Kerngehäuse und im Geschmack eindeutig von anderen Apfelsorten unterscheiden. Zudem zeichnen sich Hunderte alter Apfelsorten durch das große Repertoire an Polyphenolen (sekundären Pflanzenstoffen) aus, die sie enthalten.

Bei neuen Züchtungen sind viele wertvolle Stoffe nicht mehr vorhanden. In vielen Pflanzen wurden beispielsweise die wichtigen Bitterstoffe weggezüchtet, sodass etwa Kopfsalat kaum Geschmack entfalten kann. Mit jeder Neuzüchtung gehen so wertvolle Bestandteile verloren.

Bei der „CMS-Technik" (CMS steht für „Zytoplasmatisch-kerngenetische Pollensterilität", eine Form der Gentechnik) sorgt beispielsweise ein Terminator-Gen für Sterilität und Unfruchtbarkeit des Samens: Früchte werden kernlos gezüchtet, weil das dem Kundengeschmack entspricht. Dabei ist es Aufgabe von Pflanzen, für Nachwuchs bzw. keimfähigen Samen zu sorgen. Das wäre der Kreislauf der Natur.

Es liegt an uns als KundInnen, was wir kaufen und wen wir mit unserem Kauf unterstützen: Großkonzerne, die Saatgut nur mit Blick auf wirtschaftliche Rentabilität manipulieren, oder die bewährten Saatguthersteller, die die Sortenvielfalt erhalten und dies als Kulturaufgabe betrachten.

Auch mit **konventionellen Methoden** werden etwa Obst- und Beerensorten gekreuzt oder auf neue Qualitäten wie Schorf- oder Mehltauresistenzen gezüchtet. Dabei können sich bisherige Qualitäten der Pflanzen ins Negative verändern: Sie schmecken dann etwa weniger intensiv oder enthalten weniger Polyphenol. Dornenlose Brombeeren haben nicht mehr den gleichen herrlichen Beerengeschmack wie alte Sorten mit Dornen. Dies betrifft auch ganz neue Sorten, etwa wenn zwei verschiedene Beerenarten geschaffen werden. Beispiele sind die Jostabeere (Johannisbeere/Stachelbeere) und die Taybeere *(Rubus fruticosus x idaeus)*, eine junge Kreuzung aus Himbeere und Brombeere.

Innere Qualitäten finden sich bei allen alten Sorten – bei Gemüse, Obst und auch Blumen. Salate, die noch Bitterstoffe enthalten, sind für unsere Ernährung sowie für Leber und Galle hochwirksam. Im Kopfsalat wurden diese wichtigen Inhaltsstoffe weggezüchtet. Deshalb haben Wildkräuter wie Löwenzahn oder Brennnessel 330 mg Mineralstoffe, während grüne Kopfsalate nur noch etwa 20 mg enthalten.

Bei **neuen Methoden** wie z. B. der „Genschere" (CrisprCas) werden – auch unfreiwillig – Teile des Erbgutes entfernt oder hinzugefügt. Dadurch entstehen Einweg- oder Wegwerfpflanzen, aus denen nicht nachgezüchtet werden kann. Diese Hybriden sind nur für Großkonzerne von Vorteil – weil ständig neues Saatgut und Pflanzen nachgekauft werden müssen. Auf jede manipulierte Pflanze und auf das manipulierte Saatgut können Bayer-Monsanto, Syngenta und Co. sogar Patente anmelden. So müssten im schlimmsten Fall konventionelle Züchter selbst für ihre Produkte und jahrhundertealte Züchtungen Gebühren bezahlen.

Alte Gemüsesorten sind heute jedoch sehr stark im Kommen. Karotten, regional auch Gelbe Rüben genannt, gibt es mittlerweile wieder in den Farben Weiß, Orange, Gelb, Violett/Purpur. Jede dieser Sorten hat einen eigenen Geschmack und wertvolle Inhaltsstoffe. Von Roter Bete existiert ebenfalls wieder eine Vielfalt an Farben und Geschmack. Schwarzwurzeln, Knollenziest, Meerrettich oder Haferwurzel, die vor Jahrzehnten „aus der Mode" und damit aus Bauerngärten verschwanden, erleben eine Renaissance.

Da die Sorten nur in Kleinmengen angebaut und verkauft werden, ist das Produkt jedoch für Agrarlobbyisten wirtschaftlich uninteressant.

Besonders verdient gemacht hat sich VEN, der Verein zur Erhaltung der Nutzpflanzenvielfalt e. V. Er bietet aktuell 2375 Saatgutsorten und sehr gutes Informationsmaterial an.

Blumen und Blüten verschönern nicht nur unseren Alltag, sie sind das Lebenselixier von Bienen, Wildbienen, Hummeln und Schmetterlingen, die ihren Pollen und Nektar benötigen. Als Imkerin weiß ich um die Not von Insekten – ihre Populationen haben sich laut der „Krefelder Studie" in den letzten 35 Jahren um nahezu 80 % reduziert.

Für Insekten ist **Pollen** der wichtigste Eiweißlieferant. Ohne Pollen können Honigbienen und Wildbienen keine Brut heranziehen. Bei den Hybriden ist der Pollen nicht mehr so wertvoll wie z. B. bei Wildpflanzen. Eine schlechtere Pollenqualität schadet jedoch allen Insekten.

Der Erhalt unveränderter Obst-, Gemüse-, Kräuter- und Blumensorten ist der nachhaltige Weg. Schmackhafte und gesunde Ernährung funktioniert letztlich nur mit alten Sorten, die wertvolle Pflanzenstoffe enthalten und frei von Insektiziden, Pestiziden und Fungiziden sind.

Alte Sorten

- verfügen über eine hohe genetische Vielfalt.
- bringen neue Geschmacksvariationen auf den Teller.
- sind besonders reich an Vitalstoffen.
- sind nicht gentechnisch verändert.

ERHALT DER ARTENVIELFALT

Jede einzelne Art – ob Mikroorganismen, Pflanzen oder Säugetieren – hat eine spezifische Aufgabe. Je mehr Arten verschwinden, umso mehr Lücken entstehen und umso fragiler und krankheitsanfälliger wird das Ökosystem. Eine Pflanzenart ernährt im Durchschnitt ca. 12 Tierarten. Stirbt eine Pflanzenart aus, wird für viele Tierarten das Überleben erschwert oder sogar unmöglich. Jedes noch so unscheinbare Tierchen ist im Naturkreislauf unverzichtbar!

Die Artenvielfalt in Deutschland ist dramatisch bedroht. Von den einheimischen Tierarten sind 35 % bestandsgefährdet, von den Pflanzenarten sind es 26 %. Rund 34 000 Arten sind vom Aussterben bedroht. Und täglich wächst die Liste bedrohter oder schon ausgestorbener Arten.

Auch auf Balkon und Terrasse gibt es viele Möglichkeiten, einen Beitrag für gefährdete Arten zu leisten.

ANBAU

Saatgut und Pflanzen

Ihr Balkontagebuch ist mittlerweile üppig gefüllt und mit vielen Wünschen, Skizzen und Ideen versehen. Jetzt ist der Zeitpunkt da, um die üppig bewachsene Oase Wirklichkeit werden zu lassen.

Ihr Gartenjahr (→ S. 140) beginnt mit dem Aussäen von Samen oder mit dem Einsetzen „fertiger", bereits gezogener Pflanzen. Schon im Sommer oder Herbst können Sie Ihr erstes Saatgut sammeln und im darauffolgenden Jahr das gewonnene Saatgut wieder aussäen.

SAATGUT ERWERBEN

Saatgut von alten und ganz besonderen Sorten finden Sie auf den mittlerweile berühmten Saatgutfestivals oder Saatgutbörsen in Ihrer Region. Der Zulauf ist enorm und ebenso das Angebot.

Kaufen Sie aber nicht zu viel: Auf kleinen Balkonen bringen Sie beispielsweise höchstens drei bis fünf Tomatenpflanzen unter. Daneben wollen Sie sicherlich auch Gemüse, Beeren und Blumen anpflanzen. Es wäre schade, wenn Sie teures und sehr wertvolles Saatgut nicht nutzen können.

Saatgut ist oft nur 2–3 Jahre keimfähig. Beim Kauf sollten Sie darauf achten, wann das Saatgut geerntet wurde (auf den Tütchen muss die Jahreszahl stehen).

Hochwertiges Saatgut von Bingenheimer oder Reinsaat finden Sie in den Bioläden. Sie können sich auch Kataloge der Händler besorgen bzw. online herunterladen und Ihre Bestellungen in Ruhe auswählen (→ Bezugsquellen im Anhang).

Wichtige Informationen

Auf den Saatguttütchen sollte neben dem Pflanzennamen auch der lateinische Name und der Sortenname verzeichnet sein.

Außerdem sollte angegeben sein,

- ob es sich um eine ein-, zwei- oder mehrjährige Sorte handelt.
- welche Ansprüche sie an den Boden hat.
- ob sie Sonne, Halbschatten oder Schatten benötigt.
- wie tief die Samen in die Erde gesetzt werden müssen (Saattiefe).
- ob es sich um gebeiztes oder ungebeiztes Saatgut handelt.
- wann mit der Aussaat (in der Wohnung) begonnen werden kann.
- ab wann das Saatgut direkt ins Freie gesät werden kann.
- wie hoch die Pflanze wird.
- von wann bis wann der voraussichtliche Erntezeitpunkt ist.

Die Selbstaussaat (→ S. 43, 127) ist zeitaufwändig: Die Erde darf nie austrocknen, aber auch nicht zu feucht sein. Zugleich ist es wunderbar zu beobachten, wie aus einem kleinen Saatkorn von weniger als 1 mm eine große Pflanze heranwächst.

Falls Sie ausreichend Saatgut haben, prüfen Sie vor der Aussaat, ob **älteres Saatgut noch keimfähig** ist. Dazu füllen Sie ein Glas halbvoll mit Wasser und geben einige Samenkörner hinein. Setzen sich diese am Boden ab, ist das Saatgut keimfähig. Schwimmen sie obenauf, ist es „taub".

Bei teurem Saatgut sind in den Tüten nur wenige Körnchen enthalten. Hier würde ich keine Probe machen, sondern die Samen gleich in die feuchte Aussaaterde säen. Manchmal zeigt sich schon nach wenigen Tagen, ob Keimlinge sprießen.

Um **Saatgut von Bohnen und Erbsen** schneller zum Keimen zu bringen, kann man es für 12 Stunden in kalten Kamillentee legen. Kamillentee ist antibakteriell und verhindert unter anderem Pilzkrankheiten. Das Saatgut anschließend in die feuchte Erde setzen – bei Bohnen ca. 2–3 cm tief, bei Erbsen ca. 1–2 cm tief – und die Erde fest andrücken. Den Kamillentee können Sie vergießen.

Arten von Saatgut

Beim Kauf von Saatgut und bei der Aussaat ist darauf zu achten, ob es sich um Licht- oder Dunkelkeimer handelt.

Lichtkeimer werden auf der feuchten Anzuchterde nur ausgesät und angedrückt.

Dunkelkeimer werden anschließend leicht mit Erde bedeckt, diese wird angedrückt. Auf die Keimfähigkeit von Dunkelkeimern würde sich ein Lichtimpuls negativ auswirken.

Daneben gibt es **Kaltkeimer (Frostkeimer),** deren Keimfähigkeit durch einen Kälteimpuls in Gang gesetzt wird. Dazu gehören Stauden und Wildblumen, z. B. Christrose, Pfingstrose, Kuhschelle *(Pulsatilla vulgaris),* Alpenveilchen *(Cyclamen)* und Schlüsselblume (*Primula veris*). Die klimatisch bestens angepassten Arten gedeihen in kalten Regionen und im Gebirge.

Sie werden spätestens im Herbst ausgesät und bleiben auf dem Balkon. Der Kältereiz lässt sich auch simulieren: Das Saatgut vor der Aussaat für kurze Zeit in den Kühl- oder Gefrierschrank legen.

Ausgesät wird in **Aussaatschalen,** Eierkartons oder leeren Klorollen. Alle mit Aussaaterde füllen, das Saatkorn hineinlegen die Erde etwas festdrücken und vorsichtig angießen.

SAATGUT SELBST VERMEHREN

Einjährige Pflanzen müssen jedes Jahr wieder neu gesät werden. Sie können Samen von Ihren eigenen abgeblühten Pflanzen – Blumen, Kräutern, Salat, Gemüse – gewinnen (solange es sich dabei nicht um Hybriden handelt → S. 104). Das spart nicht nur auf Dauer ziemlich viel Geld; es stellt auch sicher, dass Sie kein altes, nicht mehr keimfähiges Saatgut aussäen.

Pflanzen

Aus **einjährigen Blumen** lassen sich sehr gut Samen gewinnen; dazu zählen unter anderem Kornblumen, Margeriten, Cosmeen, Tagetes und Sonnenblumen.

Jede Blüte der **Ringelblume** *(Calendula officinalis)* – der Pflanzenname bezieht sich auf die Form des Samens, der sichelförmig gekrümmt oder „geringelt" ist – bildet beispielsweise mehrere Samen aus.

Blüten, vertrocknete Blüten und Samen der Ringelblume

Die Samen der **Kapuzinerkresse** sind in grünem Zustand ebenso essbar wie Blätter und Blüten.

Fruchtstände, Samen und Blüten der Kapuzinerkresse

Der Fruchtstand der Kapuzinerkresse zeigt die Dreiteilung des Samens. Um ihn nächstes Jahr auszusäen, muss er (am besten an der Pflanze) so lange ausgereift sein, bis er braun und trocken aussieht.

Auch aus **Hokkaido-Kürbissen und Zucchini** (beides sind Kürbisgewächse, *Cucurbitaceae*) lässt sich gut neues Saatgut gewinnen. Meiner Erfahrung nach keimen Kürbiskerne selbst nach Jahren.

Verwenden Sie aber **nur die männlichen Blüten,** denn ohne die weibliche Blüte kann die Pflanze keine Frucht ausbilden. Unterscheiden lassen sich die Blüten folgendermaßen: Die männliche Blüte hat einen etwas längeren Stiel, während bei der weiblichen Blüte direkt unterhalb der Blüte schon die zukünftige Frucht erkennbar ist.

Zucchiniblüten: links die männlichen Blüten, rechts die weiblichen.

Kürbis- und Zucchiniblüten schmecken wunderbar zart und mild.

❌ Falls bei Kürbisgewächsen *(Cucurbitaceae)* die Früchte bitter schmecken, essen Sie sie auf keinen Fall. Ursache ist der Pflanzenbitterstoff Cucurbitacin, der sich in der Schale wie im Fruchtfleisch befindet und in großen Mengen – zu erkennen am bitteren Geschmack – auch für den Menschen giftig ist.

Auch aus **Bohnen und Erbsen** lassen sich die Samen gut gewinnen. Sobald die Hülle, in der die sich Samen befinden, rascheltrocken ist, kann das Saatgut entnommen werden.

Saatgutgewinnung ist auch bei **Gemüse und Salat** möglich – lassen Sie diese dann einfach blühen und verblühen.

„Ernte" und Aufbewahrung

Um Saatgut zu gewinnen, schneiden Sie die Blüten nie vor der endgültigen Reife ab! Wenn sich nach der Blüte die Fruchtstände braun färben und die Samen trocken sind (nie an der Sonne trocknen lassen), können Sie sie an einem trockenen, sonnigen, windstillen Tag „ernten": Vorsichtig die Samen auf einem weißen Papier ausschütteln und in Tütchen oder Briefumschläge geben. Immer nur eine Sorte in das Tütchen geben und nicht mit anderen Sorten vermischen.

Vermerken Sie auf dem Kuvert oder Tütchen

- die Jahreszahl der Ernte
- den Namen der Pflanze
- evtl. auch die Blütenfarbe.

Das Saatgut wird dunkel und trocken in einem Gefäß aufbewahrt.

Bei viel Saatgut ist eine **Kartei** von Vorteil. Oder tragen Sie alles in Ihr **Balkontagebuch** ein (→ S. 18).

VERMEHRUNG MEHRJÄHRIGER PFLANZEN

Mehrjährige Pflanzen oder Stauden können ebenfalls selbst vermehrt werden. (Die Vermehrung mit Samen ist auch möglich, aber langwieriger.) Besonders bietet sich dies bei Stauden wie Rosmarin, Thymian, Lavendel oder Salbei an. Es gibt im Wesentlichen zwei Möglichkeiten.

Stecklinge setzen

Schneiden Sie von jungen, starken und unverholzten Trieben mit einem scharfen Messer etwa 10 cm lange Stücke ab. (Die Triebe dürfen noch keinen Blütenansatz zeigen.)

Die unteren Blattreihen vorsichtig entfernen und den Steckling mindestens 5–6 cm tief in die feuchte – aber nicht nasse – Anzuchterde stecken. Um das feuchte Mikroklima zu erhalten, eine Folie darüberspannen. Immer wieder lüften und offen lassen, damit sich kein Schimmel bildet.

Pflanzen teilen

Eine weitere Vermehrungsmethode besteht darin, eine Pflanze im Frühjahr einfach zu teilen, indem Sie die Pflanze aus der Erde nehmen und den Wurzelballen mit einem scharfen Messer durchschneiden. Dann die beiden Pflanzen wieder in gute Erde setzen.

FERTIGE PFLANZEN BESORGEN

Gemüsepflänzchen fertig zu kaufen spart viel Zeit und die Wohnung ist dann nicht vollgestellt mit Aussaatgefäßen, die sich oft wie von selbst zu vermehren scheinen. Wenn Sie – schlicht aus Zeitgründen oder für eine friedliche Koexistenz mit Ihren Familienmitgliedern – lieber Jungpflanzen kaufen, sollten Sie unbedingt auf die Qualität achten.

Bezugsquellen

Suchen Sie sich zertifizierte Biogärtnereien, Staudengärtnereien oder Baumschulen in Ihrer Region. Dort sind Salat- und Gemüsesorten wie Kohlrabi, Schnittlauch, Blumenkohl, Brokkoli, Rucola, Tomaten, Chili, Paprika, Auberginen, Lauch, Mangold etc., aber natürlich auch Kräuter und Blumen, in bestem Zustand mit Biosiegel erhältlich.

Orientieren Sie sich an Biozertifikaten wie Demeter, Naturland, Bioland, Biokreis-Ost – und vor allen Dingen auf den Hinweis **„samenfest" (keine Hybriden).**

✕ Kaufen Sie keinesfalls Hybriden!

Auch auf Märkten lassen sich Produkte aus biologischem Anbau finden. Im Frühjahr bieten viele Bio-Supermärkte Saatgut und Pflanzen in der gewünschten Qualität an. Darüber hinaus finden Sie in den Katalogen von Bingenheimer oder Biohof Jeebel (→ S. 151) alles Notwendige wie Saatgut, Pflanzen etc.

✗ Ich rate davon ab, Saatgut und fertig gezogene Pflanzen im Baumarkt oder Gartencenter zu kaufen: Sie sind sie immer mit Pestiziden belastet. Zudem gibt es kaum Fachberatung.

Pflanzen für Insekten

Den besten Pollen und Nektar bieten Wildformen, deren Nektarien und Pollenblätter frei zugänglich sind und nicht durch Züchtung degradiert wurden. (Geeignete Sorten → S. 99 und Symbol 🐝)

Gartencenter haben entdeckt, dass sich mit dem Begriff „bienenfreundliche Pflanze" gut Geld verdienen lässt. ✗ Vorsicht, manchmal handelt es sich dabei um Zuchtformen, bei denen aus den Pollenblättern Blütenblätter gezüchtet wurden. Solche „gefüllten Blüten" sind aber für Insekten nutzlos: Sie kommen nicht mehr an die Nektarien, es ist fast kein Pollen mehr vorhanden.

Beim Kauf beachten

Eine Pflanze darf keine angefaulten Stängel oder Blätter aufweisen. Sie muss frisch und knackig aussehen.

Ein guter Zeitpunkt für den Kauf von Jungpflanzen kann April oder Mai sein.

Wenn Frost droht, können die kleinen Pflänzchen, die kaum Erde um die Würzelchen haben, unter Umständen noch nicht in die Balkonkästen gepflanzt werden. In diesem Fall sollten Sie die Pflanzen in der Wohnung eintopfen und dort südseitig (Licht!), aber kühl aufstellen, damit sie nicht zu lange Triebe bilden.

Alte, einheimische Gemüsesorten haben sich bewährt, sie sind an unser Klima angepasst, schmecken gut und sind gesund; es müssen nicht die Exoten sein.

Wildpflanzen wie Löwenzahn oder Brennnessel können Sie sogar beim nächsten Spaziergang ausgraben und zu Hause einpflanzen.

Gute Staudengärtnereien (→ S. 151) stellen Ihnen für Ihren Balkon (Nord-/Süd-/Ost-/Westbalkon), in Ihrer Region und nach Ihren Wünschen fertige Pakete zusammen und versenden diese.

Bewässerungsmanagement

Da Balkone häufig überdacht sind, erhalten die Pflanzen in der Regel keinen oder nicht genug direkten Regen. In den seltensten Fällen reicht die Regenmenge für die Wasserversorgung von Gemüse, Obst und Blumen aus. Nicht einmal bei mehrtägigem starkem Regen kommt genügend Wasser an die Pflanzenwurzeln.

Ähnliches gilt für Terrassen: Obwohl sie dem Wetter stärker ausgesetzt sind, muss auch hier nachhaltig gegossen oder bewässert werden.

KALK IM WASSER

Zur Bewässerung der Pflanzen eignet sich **Regenwasser** deutlich besser als Leitungswasser, denn es ist weich und enthält keinen Kalk. Falls Sie Regenwasser sammeln können, dann am besten in einer kleinen Zisterne, einem Wasserbehälter oder – falls Sie eine Terrasse besitzen – in einer Regentonne. Damit diese nicht überläuft, können Sie eine Regenrohrklappe mit Schwimmer anbringen (→ S. 26).

Leitungswasser ist im Gegensatz zu Regenwasser immer kalkhaltig.

> Der Kalkgehalt unterscheidet sich von Region zu Region. „Hartes" und „sehr hartes" Wasser, wie man es in Gebirgsregionen und manchen Großstädten findet, enthält viel Kalk. Die Qualität Ihres Wassers einschließlich des Kalkgehalts können Sie bei Ihrer zuständigen Wasserbehörde erfragen.

Beim Gießen mit Leitungswasser versalzt die Erde. Das lässt sich bei Zimmerpflanzen am Tontopf erkennen:

Nach einiger Zeit bildet sich dort ein Kalkring. Wenn Sie die Erde länger nicht ausgetauscht haben, liegen harte, braune Krümel obenauf – Salze, die die Erde versauern (Nitratgehalt). Bei Gießen mit Leitungswasser kann der Kalk die Aufnahme verschiedener Elemente durch den Pflanzenorganismus stark beeinträchtigen.

✕ Oft taucht die Frage auf, ob destilliertes Wasser benutzt werden soll. Ganz klar: **Nein.** Denn während sogar das Leitungswasser Nährstoffe wie Magnesium etc. enthält, sind im Destillat keinerlei Nährstoffe vorhanden.

Füllen Sie am besten Leitungswasser in mehrere Gießkannen ab und lassen Sie es längere Zeit stehen; der Kalk setzt sich dann automatisch ab. Auch Wasser, das noch vom Vortag im Wasserkocher ist, können Sie zum Gießen verwenden.

GIESSEN

Das Gießen bietet eine ausgezeichnete Gelegenheit, um Ihre Pflanzen etwas genauer zu betrachten. Sie werden dabei immer Neues entdecken: neue Knospen, neue Triebe. „Warum ist der Thymian vertrocknet? Der Kohlrabi sieht ja prächtig aus. Was, schon wieder hat die Amsel auf der Suche nach Würmern die ganze Erde verteilt, so eine Sauerei!" – Gießen wird dann zur Entdeckungsreise auf dem eigenen Balkon!

Die Grundregeln

Beachten Sie die folgenden Regeln.

Gefäße

- Verwenden Sie große, tiefe Blumentöpfe. Vermeiden Sie kleine Töpfchen: Wenn Sie diese nämlich an heißen Tagen vergessen, überleben das die Pflanzen nur selten.
- Stellen Sie alle Töpfe auf einen Untersetzer, in dem sich das Gießwasser sammeln kann. War die Erde fast ausgetrocknet, ziehen die Wurzeln das Wasser nach oben.
- Vermeiden Sie allerdings unbedingt Staunässe: Das Wasser sollte nicht zu lange in den Untersetzern stehen, damit die Pflanze nicht im Wurzelbereich zu faulen beginnt. Gießen Sie damit stattdessen andere Pflanzen.

Technik

- Fingerprobe: Stecken Sie den Finger 3–5 cm tief in die Erde, um zu prüfen, ob sie noch feucht ist.
- Nur auf den Wurzelbereich gießen, nicht auf die Pflanze (Pilzgefahr)
- Gießen Sie lieber einmal intensiv als häufig nur ein bisschen.
- Gießen Sie nicht zu oft oder zu viel, sonst wird die Erde „sauer" und die Wurzeln beginnen zu faulen.

Tageszeit und Wetter

- Gießen Sie nach Möglichkeit nur früh morgens und spät abends.
- Nicht bei starker Sonneneinstrahlung gießen: Verbrennungsgefahr für die Pflanzen!
- Bei kühlem Wetter weniger gießen.

Wasser

- Regenwasser ist zu bevorzugen, falls eine Sammelmöglichkeit besteht.
- Abgestandenes Leitungswasser oder Sammelwasser aus der Küche oder dem Wasserkocher verwenden; der Kalk soll sich abgesetzt haben.
- Kein kaltes Leitungswasser verwenden. Das Wasser zuvor in den Gießkannen länger stehen lassen: Am besten nach jedem Gießen die Gießkannen wieder füllen.

Individueller Bedarf

- Den Wasserbedarf jeder einzelnen Pflanze im Auge behalten. Er kann sehr unterschiedlich sein: Schnittlauch und Minzen etwa brauchen deutlich mehr Wasser als Salbei.

Schnelle Problemlösung

- Sollten die Pflanzen bereits sämtliche Blätter und Stängel hängen lassen, müssen sie mitsamt Töpfchen sofort aus der Sonne genommen und in einen Kübel mit lauwarmen Wasser gesetzt werden, sodass sich Erde und Pflanzen mit Wasser vollsaugen können.

Gießwasser als Düngemittel

Gerade beim Gärtnern ist es nicht nur ganz leicht, sondern sogar sinnvoll, Wasser wiederzuverwenden. Es bringt nämlich den Pflanzen zusätzliche wertvolle Nährstoffe; es ist also sozusagen Gießwasser mit Düngeeffekt!

- Fangen Sie beim Gemüse- und Obstwaschen das Wasser in einem Behältnis auf.
- Heben Sie auch das Wasser vom Eier- oder Kartoffelkochen auf.

So wird Wasser gespart, zugleich erhalten die Pflanzen Mineralstoffe vom Gemüse und Kalzium vom Eierwasser.

H_2O heißt die Wunderformel, die alles Leben am Leben hält und die uns täglich beschäftigt.

Wassermanagement

Gerade in Zeiten des Klimawandels ist es dringend angeraten, vorsorgend und fürsorglich mit anvertrauten Pflanzen umzugehen. Sie sollten daher Ihr persönliches Wassermanagement so planen und umsetzen, dass der Wasserverbrauch die Verfügbarkeit der erneuerbaren Ressourcen nicht übersteigt.

Mit dem Klimawandel werden Dürre, Trockenheit, geringere und seltenere Niederschläge auch in unseren Breiten häufiger. Schon jetzt gibt es in Mitteleuropa Regionen, in denen Wasser rationiert werden muss. Wir sollten daher nicht nur beim Duschen und Baden ans Wassersparen denken: Muss die Kleidung wirklich nach jedem Tragen in die Waschmaschine? Fehlt im Toilettenkasten noch ein Wassersparer? Ist die Spülmaschine wirklich schon voll?

In Deutschland, Österreich und der Schweiz verfügen wir über wunderbares Trinkwasser – aus dem Hahn. Leitungswasser hat eine bessere Qualität als die meisten Sorten Mineralwasser im Handel. Es sollte nicht nur für unsere Pflanzen oder im Haushalt eingesetzt werden, sondern auch für unseren persönlichen Trinkbedarf.

Dadurch sparen wir sehr viel vermeidbaren Müll, aber auch richtig Geld: 1000 l Leitungswasser kosten laut Statistischem Bundesamt durchschnittlich zwei Euro. Dafür erhält man im Laden gerade mal 2–3 Flaschen Mineralwasser – inklusive Plastikmüll!

Wasser ist ein Menschenrecht. Etwa eine Milliarde Menschen haben keinen Zugang zu sauberem Trinkwasser!

So müssen Sie weniger gießen

Es gibt mehrere Möglichkeiten, wie Sie auch Pflanzen mit höherem Wasserbedarf weniger gießen müssen:

- Je besser Ihre Erde mit **Bentonit, Humus, Kompost, Blähton und/oder Schafwolle** vermischt ist, desto besser ist das Wasserhaltevermögen.

- Verwenden Sie – erst recht angesichts immer heißerer Sommer – möglichst **große Pflanzgefäße.** Kleine Gefäße müssen im Sommer zweimal täglich gegossen werden, was eine Versalzung der Erde mit sich bringt.

- Neuere Balkonkästen haben fast alle ein **Wasserreservoir** im Boden, das viele Liter Wasser speichert. Sobald sich die Wurzeln gut entwickelt haben, erreichen sie dieses Reservoir und nehmen das Wasser von dort auf.

- **Lockern** Sie regelmäßig, aber vorsichtig die die Erdoberfläche bis maximal 2 cm Tiefe, z. B. mit einer alten Gabel. Das unterbricht die Kapillaren, feinste Röhren, durch die Wasser verdunstet.

- Regelmäßiges **Mulchen** verhindert die Verkrustung und die Verdunstung; der Wasserverlust wird dadurch erheblich reduziert.

Mulchen

Eine der vielseitigsten und zugleich einfachsten Techniken beim Gärtnern besteht nach meiner Erfahrung im Mulchen. Es erfüllt gemäß der Permakultur gleich mehrere **Zwecke** auf einmal:

- Die Erde wird dadurch geschützt.
- Die Erde wird vor dem Austrocknen bewahrt; es muss weniger gegossen werden.
- Das Mulchmaterial dient als Düngung und wird selbst zu Erde.
- Mikroorganismen werden gestärkt.

> **Das Prinzip aller Dinge ist das Wasser. Aus Wasser ist alles und ins Wasser kehrt alles zurück.**
> Thales von Milet
> (griech. Philosoph,
> um 624–um 548 v. Chr.)

Womit wird gemulcht?

Verwendet wird **organisches Material aus der Natur,** das sich langsam zersetzt:

- Grasschnitt/Heu darf nicht zu dick liegen, sonst könnte es faulen oder schimmeln; wenige Zentimeter reichen.
- Laub

- welkes/getrocknetes Pflanzenmaterial
- Häckselgut von Strauch- und Baumschnitt
- Holzspäne/Holzmehl speichern Feuchtigkeit ganz hervorragend und schützen die Erde.
- Schafwolle eignet sich sehr gut. Sie ergibt später sehr gute Erde und ist beste Düngung. Schafwolle schimmelt nicht und speichert die Feuchtigkeit besonders gut.
- für Pflanzen mit geringem Nährstoffbedarf: mineralisches Material wie Steinchen, Kies, Blähton, Ziegelsplitt

✕ **Keinesfalls** sollte Rindenmulch verwendet werden! Er enthält Gerbstoffe sowie mitunter Schwermetalle und entzieht der Erde den Stickstoff, den die Pflanzen benötigen!

Hier werden Tomaten mit Heu gemulcht.

Wie wird gemulcht?

Gemulcht werden alle Gefäße, in denen die Erde offen daliegt und somit von Sonne und Wind ausgetrocknet oder vom Regen ausgewaschen werden kann. Mulchschichten sollen nie dicker als 2–3 cm aufgetragen werden, und sie sollen nicht verkleben.

Damit das Mulchmaterial nicht verweht wird, legen Sie auf das Mulchmaterial zusätzlich Steine oder Splitt.

Neue Pflanzen können Sie jederzeit in die Töpfe setzen; geben Sie das Mulchmaterial einfach anschließend wieder auf noch offene Erdstellen.

Sobald sich der Mulch zersetzt hat (d. h. zu frischer Erde geworden ist), kann sofort wieder gemulcht werden

✕ **Nicht gemulcht** werden Aussaatschalen, da sonst die Samen nicht keimen können. (→ S. 111)

„GIESSHILFEN“ ZUM SELBERBAUEN

(1) Plastikflaschen und Tonkegel
Dieses System ist für Kurzurlaube von 3 Tagen geeignet, es ersetzt aber nicht grundsätzlich das Gießen.

Sie benötigen:

- nach Bedarf (d.h. je nach Anzahl und Größe der Pflanzgefäße) mehrere Plastikflaschen:
  à 1,5 l Inhalt für große Pflanzgefäße
  à 0,5–0,75 l Inhalt für Balkonkästen
- für jede Plastikflasche 1 Tonkegel zur Bewässerung (aus dem Gartencenter).

1. Füllen Sie jede Flasche mit Wasser und stecken Sie sie den Flaschenhals in einen Tonkegel.

2. Die Flasche mitsamt Tonkegel umdrehen und diesen tief in die Erde stecken. Binden Sie in Balkonhängekästen an der Brüstung möglichst die Flaschen fest, damit sie nicht umgeweht werden.

3. Das Wasser sickert nun langsam durch den Ton in die Erde.

Unter permakulturellen Gesichtspunkten soll immer mit dem geringsten Aufwand und mit der geringsten Energie ein Maximum an Ergebnissen und Erfolgen erreicht werden.

Ich habe in alle größeren Behältnisse leere Erdsäcke mit der schwarzen Seite nach innen und der bunten Seite nach außen eingelegt und nur unten ein kleines Loch für den Wasserabfluss gebohrt. Dadurch wird die Wärme und infolgedessen die Verdunstung etwas reduziert; das Gießwasser läuft bei zu trockener Erde nicht sofort durch, sondern wird im Gefäß gehalten. Bisher habe ich weder Fäulnis noch stehendes Wasser. Eine Vlieseinlage auf dem Boden innerhalb der Folie verhindert, dass Erdpartikel ausgeschwemmt werden. Ein Untersetzer ist trotzdem nötig.

(2) „Hügelbeet“ im Pflanzgefäß
Dieses System ist dem Prinzip des Hügelbeets aus dem Gartenbau nachempfunden. Es hat sich bei mir über viele Jahre bestens bewährt, lässt sich jedoch nur bei größeren Gefäßen anwenden (ungefähr LBH 80 x 60 x 60 cm), nicht bei Balkonkästen oder Töpfchen.

Sie benötigen:

- große Gefäße mit 60–120 cm Länge, 40–100 cm Breite, 40–100 cm Höhe. (So hätte das größte Gefäß die Maße – LBH –120 x 100 x 100cm, das kleinste 60 x 40 x 40 cm.)

- **Gehölzabschnitte bzw. dünnere Baumstämmchen** mit einem Durchmesser von 10–15 cm aus Laub-, Obst- oder Nadelgehölzen wie Apfel, Birne, Kirsche, Buche, Fichte, Kiefer. Die Länge sollte den Gefäßlängen entsprechen: knapp 60 cm für kleinere, knapp 120 cm für größere Gefäße.

  Davon benötigen Sie so viele, wie dicht nebeneinander auf dem Gefäßboden geschichtet werden können: Für große Gefäße gut zwei Lagen; in kleineren Gefäßen hat nur eine Schicht an Baumstämmchen Platz.

> ✕ Von frischen Weiden und Haselsträuchern ist unbedingt abzuraten; sie treiben sofort aus. Thujen und Eiben sind giftig und können das Pflanzenwachstum hemmen.

- **Vlies**
- **evtl. Blähton, Zweige, Laub**
- **Erde,** vermischt mit **Kompost** und/oder **Wurmhumus** und/oder **Bokashi** (je nachdem, was vorhanden ist) sowie **Urgesteinsmehl, Bentonit** und **Hornspänen** als Dünger (Mengen → S. 45).
- **evtl. Grasschnitt oder Schafwolle zum Mulchen**

Sobald Sie die für Sie beschaffbaren Materialien vorbereitet haben, geht es an den Aufbau des Pflanzgefäßes:

1. Die Baumstämmchen müssen gründlich gewässert werden. Sie können sie vorher in 30 cm lange Stücke schneiden, dann lassen sie sich beim Wässern in Kübeln leichter handhaben. (Achten Sie mal darauf, wie leicht das Holz zuerst ist und wie schwer es durch das Wässern wird.)

2. Auf dem gesamten Gefäßboden (vorher prüfen, ob auch Löcher für den Wasserablauf vorhanden sind) Vlies auslegen. Darauf kann, muss aber nicht, eine 3–5 cm dicke Schicht Blähton eingeschüttet werden. Über die Blähtonschicht nochmal Vlies legen – das verhindert, dass Erde den Ablauf verstopft.

3. Auf dem Vlies werden über die gesamte Fläche die gewässerten Baumstücke parallel zueinander ausgelegt; bei großen Gefäßen evtl. zwei oder drei Baumstämmchen übereinander schichten. (Schneiden Sie in das Vlies kein Loch; das Wasser läuft durch.)

4. Zweige und Laub daraufschichten, immer ausreichend Erde so aufschütten, dass zwischen Stämmchen und Zweigen keine leeren Zwischenräume entstehen. Immer wieder leicht rütteln, damit Erde in alle Zwischenräume dringt.

5. Das Erdgemisch in das Gefäß schütten. Zum Mulchen evtl. Grasschnitt oder Schafwolle drauflegen – fertig!

Das „Hügelbeet-Prinzip" funktioniert nur, wenn vorher die Baumstämmchen gewässert werden: Wurzeln lassen ihre Spitzen immer zum Wasser hin wachsen. Die gewässerten Baumstämme sind also ein Anziehungspunkt für Pflanzenwurzeln. Außerdem versorgen die Baumstämme durch die Verdunstung die oben liegenden Erdschichten mit Feuchtigkeit. Durch Gießen und Regen speichern die Baumstämme immer wieder Wasser, das sie dann wieder über ihre Kapillaren abgeben. So trocknet die Erde nie ganz aus.

Das „Hügelbeet"-Prinzip nennt man so, weil sich im Garten durch den Aufbau ein Hügel ergibt.

Für die unterste Schicht braucht man die dickeren Baumstämmchen. Dünnere Zweige besitzen nicht genug Speichervermögen. Selbstverständlich müssen trotzdem die Pflanzen gegossen, gemulcht und gedüngt werden. Das Gießwasser bleibt in jedem Fall mit den Holzanteilen gut gespeichert in der Erde. Erst im Lauf vieler Jahre zersetzt sich das Holz und wird zu fruchtbarer Erde.

Nährstoffversorgung der Pflanzen

Nährstoffe sind für Pflanzen genauso wichtig wie Wasser oder Licht. In Gartenerde sind sie automatisch enthalten, doch auf Balkon und Terrasse muss mithilfe verbesserter Erde und organischem Dünger nachgeholfen werden. Dieser hat für Mikroorganismen und für Pflanzen einen hohen Wert; die darin enthaltenen Huminstoffe fördern das Pflanzenwachstum, wie Laborversuche gezeigt haben. Insbesondere eine starke Wurzelbildung unterstützt wiederum die Nährstoffaufnahme der Pflanzen.

ERDEN SELBST MISCHEN

Wenn Sie Ihre Erde selbst mischen, schonen Sie nicht nur den Geldbeutel, sondern vertiefen Ihre Kenntnisse zum eigenen Anbau.

Sobald das Frühjahr naht und Sie sich entschieden haben, welche Pflanzen Sie anbauen, können Sie gezielt nährstoffreiche und nährstoffärmere Erde herstellen. Halten Sie dafür mehrere große Behälter bereit – am besten Eimer und Kübel aus Kunststoff.

Verwenden Sie immer torffreie und biologisch zertifizierte Erde, außerdem Kompost (→ S. 46), soweit vorhanden; andernfalls gekaufte Komposterde oder entsprechend mehr Erde.

Nährstoffreiche Erde

Mischen Sie für Starkzehrer oder andere Pflanzen mit hohem Nährstoffbedarf nährstoffreiche Erde mit geringerem anorganischen mineralischen Anteil.

Das **nährstoffreiche Basisgemisch** besteht aus

+ mindestens ⅓ Pflanzenerde
+ ⅓ Kompost
+ maximal ⅓ Sand, Blähton, Bims

Hinzugefügt werden pro 40 l Erde

+ 1 Tasse Hornspäne
+ 1 Tasse Bentonit
+ 150 ml Urgesteinsmehl.

(1 Tasse enthält 125 ml Volumen.)

Statt Hornspänen können Sie auch Schafwolle, etwas alte Pflanzenerde und/oder evtl. Kokosfasern aus gepressten Kokosblöcken (diese einige Stunden vorher einweichen und quellen lassen) beimischen.

Alles gut vermischen. Da die gekaufte Erde gedämpft ist, kann sie mit kleinen Mengen Maulwurfshügelerde oder Wurmhumus (→ S. 49) belebt werden. Auch die Zugabe Effektiver Mikroorganismen (EM) (→ S. 131) wirkt positiv auf das Pflanzenwachstum.

Nährstoffarme Erde

Vor allem **mediterrane Kräuter** wie Thymian, Lavendel und andere Lippenblütler bevorzugen eher nährstoffarme Erde, in der der mineralische Anteil höher ist. Dadurch wachsen sie langsamer, was aber für ihre Heilwirkung und den Geschmack von großem Vorteil ist. Die ätherischen Düfte entwickeln sich umso intensiver, je weniger der Boden mit Stickstoff gedüngt wird. Auch bevorzugen diese Kräuter eher etwas trockenere Böden.

Die **nährstoffarme Basismischung** setzt sich zusammen aus ungefähr

+ ⅓ Aussaaterde, gemischt mit etwas Maulwurfshügelerde, Wurmhumus und/oder Kompost
+ ⅔ Blähton, Bims, Lavagestein, Perliten

Hinzugefügt werden pro 40 l Erde

+ 1 Tasse Urgesteinsmehl und
+ 2 Tassen Bentonit.

(1 Tasse enthält 125 ml Volumen.)

Bei **heimischen Kräutern** wie etwa Dill, Fenchel, Kümmel, Kerbel, Petersilie darf der Boden dagegen nicht zu trocken sein. Mit **etwas mehr Bentonit** wird dann die Feuchtigkeit besser gespeichert.

DÜNGEN

Auch wenn Gartencenter eine verwirrende Vielfalt an Düngern anbieten: Für Ihre Pflanzen brauchen Sie keine speziellen Produkte. Normale biologische Flüssigdünger reichen völlig aus. Um Mikroorganismen und Bodenlebewesen zu fördern, sollten Sie **ausschließlich** mit **organischen Düngern** arbeiten – am besten mit selbst hergestellten wie etwa Kompost, Wurmhumus oder Bokashi.

✕ Vorsicht: Mineralische Dünger (sogenannte Kunstdünger) wie Blaukorn zerstören das fragile Bodenleben, das für die Pflanzen so wichtig ist. Daher dürfen weder im biologisch zertifizierten Gartenbau noch in der biologischen Landwirtschaft Kunstdünger eingesetzt werden.

Wie lange wird gedüngt?

Auf Balkon und Terrasse ist Düngen notwendiger als im Garten, da in den Pflanzgefäßen nur wenig Wurzelraum zur Verfügung steht. Die Erde ist so relativ schnell ausgelaugt (außer bei Schwachzehrern). Hier darf daher auch etwas länger gedüngt werden als im Garten: so lange nämlich, wie die Kulturen blühen, wachsen, reifen.

Beobachten Sie den Zustand und das Wachstum Ihrer Pflanzen. Auch daran orientieren sich die Düngemaßnahmen.

Kräftiges und dunkelgrünes Blatt benötigt wenig Dünger, gelbliche Blätter zeigen einen Nährstoffmangel an.

Im Garten wird „bis Johanni" (24. Juni) gedüngt. Um die Sommersonnenwende ist nämlich in den meisten Pflanzen festgelegt, aus welcher Knospe sich Blatt oder Blüte entwickeln soll. Das Vegetationsjahr ist dann in der Regel beendet, das Wachstum eingestellt, Früchte reifen aus. Jede zusätzliche Düngung schadet mehr, als sie nützt. Nur Wintergemüse erhält noch Düngegaben.

Auf Balkon und Terrasse kann bis Ende Juli noch sparsam gedüngt werden. Bei längeren Düngegaben würde z. B. bei Gehölzen oder Stauden das Wachstum gefördert – damit wären sie – inbesondere ihre jungen Triebe – aber frostgefährdet.

(Nicht) düngen am Anfang

Beim Einpflanzen enthält die Erde als Grunddüngung Langzeitdünger. Eine Nachdüngung wird nach etwa 2–3 Monaten gegeben, wenn viele Nährstoffe verbraucht sind. Zunächst muss jedoch noch gar nicht gedüngt werden:

- Bei der **Aussaat** (→ S. 111), beim **Pikieren** und ggf. beim **ersten Umsetzen junger Pflanzen** (→ Kasten) darf **nicht** gedüngt werden. Zuerst müssen sich die Wurzeln entwickeln. Die Pflanze soll langsam wachsen und nicht „schießen". Hat sie sich gut entwickelt, kann – je nach Nährstoffbedarf – ab Juni gedüngt werden.

Pikieren

Nach der Aussaat zeigen sich als Erstes zwei sogenannte Keimblätter. Vorher hat die Pflanze kleinste Würzelchen gebildet. Diese gedeihen nur in ungedüngter Erde.

Sobald sich nach den Keimblättern 1–2 Blattpaare gebildet haben, kann **pikiert** werden, d. h. **die Pflanzen werden vereinzelt** und in etwas größere (aber immer noch sehr kleine) Töpfchen gesetzt. Dabei fasst man mit einem Stäbchen vorsichtig unter die Pflanzenwurzel, hebt die Pflanze heraus und setzt sie in das neue Gefäß. Beim Pikieren werden die feinsten Haarwurzeln verletzt, was die Pflanze zu verstärktem Wurzelwachstum anregt.

Wer Zeit hat, setzt die Pflanze danach noch ein weiteres Mal in einen nur etwas größeren einzelnen Topf um, bevor sie in ein „normales" großes Pflanzgefäß ausgetopft wird.

- Wenn Sie **gekaufte Pflanzen in Gefäße topfen,** ist in der gekauften Erde genügend Dünger für die nächsten 4 Wochen vorhanden. Geben Sie beim Eintopfen Langzeitdünger in das Pflanzloch, z. B. Hornspäne und Urgesteinsmehl, die nach ca. 4 Wochen pflanzenverfügbar sind. Je nach Pflanzengröße und Düngebedarf reicht diese Düngegabe für die nächsten 2–3 Monate, bei Schwachzehrern sogar bis zu einem halben Jahr!

Hornspäne sind stickstoffreicher Dünger.

Überdüngung: Blattläuse

Übermäßig viele Blattläuse können ein Zeichen von Überdüngung sein. Wenn der Turgor (der Druck des Zellsafts auf die Zellwand) zu stark wird, weil das Pflanzenwachstum durch zu viel Stickstoff übermäßig angeregt wurde, zieht dies Blattläuse an. Sie stechen die weichere Zellwand an und nehmen den zuckerhaltigen Pflanzensaft auf.

Idealerweise stellen sich in Kürze von selbst viele Nützlinge ein. (→ S. 135)

Ökologische Miste

Wertvolle Dünger sind Miste aus der ökologischen Landwirtschaft, wie Kuh-, Schweine-, Pferde-, Schaf-, Enten- und Vogelmiste. Bevor Sie solche Miste auf Balkon/Terrasse verwenden, müssen diese bereits lange gelagert und zu Kompost umgewandelt sein.

> Pferde- oder Kuhmist gibt es meist in Bio-Bauernhöfen (!) am Stadtrand oder in umliegenden Gemeinden.
>
> In Pferdemist ist häufig ein ziemlich hoher Wurmbesatz *(Eisenia)* zu finden – damit könnten Sie auch Ihre Wurmfarm starten.

Sparsam eingesetzt werden sollten Pferde-, Schweine-, Vogelmiste, weil sie besonders stickstoffhaltig sind.

Nicht nur im Garten, auch auf dem Balkon kann mit **ökologischem Mist** Erde und Pflanzen Wertvolles zugefügt werden. Je nach Pflanzenbedarf eignen sich Miste für verschiedene Gewächse.

- **Rindermist** wirkt milde, ausgeglichen; enthält alle wichtigen Nährstoffe
- **Pferdemist** ist „hitzig" (seine Umsetzung kommt schnell in Gang), Kraftnahrung für anspruchsvolle Pflanzen.

- **Schweinemist** ist kalter Mist (kommt langsam in Gang, braucht lange zur Verrottung); enthält viel Kali, wenig Stickstoff, kaum Kalk.
- **Schaf-, Ziegen-, Kaninchenmist** ist „hitzig"; enthält viel Stickstoff, ist geeignet für Starkzehrer.
- **Hühner-, Enten-, Taubenmist** ist scharf und „hitzig", muss kompostiert oder als Jauche angesetzt werden; enthält viel Phosphor, viel Stickstoff.

✕ Verwenden Sie keinen Strohmist aus konventioneller Landwirtschaft: Das darin enthaltene Stroh ist meist mit Halmverkürzungsmitteln gespritzt, die beim Kompostieren nicht abgebaut werden! Dadurch können Kletterpflanzen wie Stangenbohnen, Hopfen oder Wein unter Umständen nicht in die Höhe wachsen und ein Erdaustausch wird notwendig.

Was der Bauer nicht kennt, das frisst er nicht. Würde der Städter kennen, was er frisst, er würde umgehend Bauer werden.
Oliver Hassencamp
(dt. Kabarettist, 1921–1988)

BIODÜNGER HERSTELLEN.

Am besten stellen Sie Ihren biologischen organischen Dünger selbst her. Es gibt mehrere Möglichkeiten.

Brennnesseljauche

Wenn sich in Ihrer Nähe – oder auf dem Balkon – eine „Brennnesselplantage" befindet, bekommen Sie das beste Pflanzenstärkungs- und Düngemittel gratis.

Sie benötigen:

- einen luftdicht abschließbaren Plastikkübel (10–15 l Inhalt)
- klein geschnittene Brennnesseln

1. Den Plastikkübel zur Hälfte mit den Brennnesseln füllen.

2. Mit abgestandenem Wasser – am besten Regenwasser – auffüllen.

3. Das Ganze etwa 3 Tage zugedeckt im Schatten stehen lassen. (Falls die Brennnesseln länger im Kübel bleiben → S. 130)

4. Die Flüssigkeit abseihen, dann im Verhältnis 1 : 10 verdünnen: 1 l Brennnesseljauche mit 10 l (Regen)-Wasser in die Gießkanne geben.

5. Die matschige Blattmasse können Sie als Düngung auf Pflanzenerde geben.

Sind die Brennnesseln **länger als 3–4 Tage** im Kübel oder herrschen **sehr warme Temperaturen,** dann verläuft die Umsetzung schneller.

Rühren Sie alle 3–4 Tage ½ Tasse Urgesteinsmehl ein. Das bindet die Gerüche und tut Pflanzen, Wurzelbildung, Mikroorganismen und Erde gut. Um eine Verätzung der Pflanzenwurzeln zu vermeiden, muss zudem die Verdünnung höher ausfallen.

Faustregel: Jauche, die 3 Tage gegärt hat, muss im Verhältnis 1:10 verdünnt werden. Nach einer Gärzeit von 3–7 Tagen ist eine Verdünnung im Verhältnis 1:15 nötig, nach mehr als 7 Tagen wird 1:20 verdünnt.

Jauche aus Balkonkräutern

Sie benötigen:

- eine größere Menge Kräuter – geerntet, gekauft, gesammelt, getrocknet
- ein Gefäß aus Kunststoff, Keramik oder Holz.

1. Das Gefäß zu einem Drittel/bis zur Hälfte mit Kräutern füllen. Mit (Regen-) Wasser vollgießen.

2. 2–3 Wochen stehen lassen. Im Gegensatz zur Brennnesseljauche wird hier das Gefäß nicht luftdicht abgeschlossen – der Gärungsprozess findet „aerob", also mit Luft statt. Die Geruchsentwicklung wieder mit Urgesteinsmehl abmildern.

3. Die entstandene Flüssigkeit im Verhältnis 1:20 mit Wasser verdünnen und in die Gießkanne geben. Die Kräuterblattmasse als Dünger auf die Erde geben.

Die Anwendung dieser nach Landwirtschaft duftenden Brühe sollte bei schlechtem Wetter erfolgen – oder dann, wenn garantiert kein Nachbar zu Hause ist.

✕ Setzen Sie Jauchen nie in Metallgefäßen an, da diese schädliche chemische Reaktionen auslösen können. Emaillierte Metallgefäße dürfen dagegen für Jauchen verwendet werden.

Bokashi

Eine weitere Möglichkeit, hochwertigen Biodünger auf dem Balkon herzustellen, nennt sich **Bokashi** („fermentiertes Allerlei") und kommt aus Japan.

Sie benötigen:

- einen Bokashi-Eimer (siehe unten)
- organische Abfälle von Obst, Gemüse und Pflanzen
- pro 1 l Bokashi:
  50 ml Effektive Mikroorganismen (EM) (→ S. 131)
  40 ml Urgesteinsmehl

1. Alle organischen Abfälle in den Eimer füllen, etwas verdichten.

2. Mit EM besprühen und mit dem Urgesteinsmehl bestreuen. Den Eimer luftdicht verschließen.

3. Nach jeder weiteren Befüllung mit EM besprühen und mit Urgesteinsmehl bestreuen.

4. Während der Bokashiherstellung regelmäßig den Pflanzensaft „abzapfen". Im Verhältnis 1:5 mit Wasser verdünnen und als Pflanzendünger verwenden.

5. Nach 2 Wochen den festen Inhalt des Eimers, „Bokashi", nochmals mit EM bespritzen und mit Urgesteinsmehl bestreuen. Alles mit Erde mischen und weitere 2 Wochen ruhen lassen. Mithilfe der EM-Lösung werden die Bioabfälle fermentiert („Sauerkrautprozess"). Das Gesteinsmehl wertet den Dünger auf.

6. Wenn der Bokashi-Dünger fertig ist, kann er in einem Pflanzgefäß unter die Erde eingegraben werden. (Bokashi wird nicht auf die Erdoberfläche gegeben.)

Einen Bokashi-Eimer bauen

Spezielle Bokashi-Eimer gibt es zu kaufen. Man kann sie aber auch günstig selbst herstellen. **Dazu brauchen Sie:**

- ein Kunststoffgefäß mit Deckel – er muss luftdicht (anaerob) abschließen – und 15–20 l Fassungsvermögen
- einen Siebeinsatz
- einen kleinen Auslaufhahn

1. Bohren Sie 2–5 cm oberhalb des Bodens ein Loch, in das der Auslaufhahn passt, und setzen Sie ihn ein.

2. Bringen Sie über dem Auslaufhahn den Siebeinsatz an.

Sobald genügend Bioabfälle gesammelt worden sind, bilden sich am Boden Sickersäfte. Sie laufen durch den Siebeinsatz ab und können mit dem Hahn abgelassen werden. Mit Wasser verdünnt, eignen sie sich als Dünger für alle Pflanzen auf dem Balkon oder im Zimmer.

Effektive Mikroorganismen (EM)

Während im Gartenboden oder den Böden in der Natur Mikroorganismen vorhanden sind, müssen diese bei gekaufter Erde zugefügt werden. Für ein gesundes Pflanzenwachstum sind sie unentbehrlich.

Bei Effektiven Mikroorganismen (EM) handelt es sich um eine Mischung aus verschiedenen aeroben und anaeroben

Mikroorganismen, die auch in der Natur vorkommen. Die Mischung wurde von Teruo Higa, einem japanischen Professor für Gartenbau, entwickelt.

Effektive Mikroorganismen (EM) werden mithilfe von Fermentation hergestellt und als Flüssigkeit im Handel vertrieben. Sie sollen die Stoffwechselvorgänge in Pflanzen fördern und die Mikroorganismen im Boden ergänzen.

Bei GärtnerInnen sind sie schon lange in Gebrauch; viele schwören auf ihre vielfältige Wirkung. (Die beworbenen positiven Auswirkungen konnten jedoch in wissenschaftlichen Studien bisher nicht nachgewiesen werden.)

Man setzt die EM-Produkte aus der Flasche unter anderem ein, um

- Bodenprozesse und Stoffwechselvorgänge zu aktivieren
- die Boden- und Pflanzengesundheit zu verbessern
- die Kompostierung zu beschleunigen

Dazu wird die Erde gegossen, die Pflanzen werden nur morgens oder abends mit EM bespritzt. (EM gemäß Gebrauchsanweisung benutzen.)

EM-Produkte ersetzen jedoch nicht die Düngung.

Düngung von Schwach-, Mittel- und Starkzehrern

Die Unterteilung in Schwach-, Mittel- und Starkzehrer (→ S. 60) bezieht sich darauf, wie viel Stickstoff (N) eine Pflanze für ihr gesundes Wachstum benötigt, und hilft bei der groben Einschätzung, wie viel und welchen Dünger sie benötigt. Es existieren jedoch viele „Mischfälle“ – letztlich muss auch beim Düngen auf die Bedürfnisse jeder einzelnen Pflanze geachtet werden.

Düngegaben sind auch immer von der **Gefäßgröße** abhängig. Kleine Gefäße benötigen eher Dünger als große, in denen mehr Dünger auf Vorrat enthalten ist. Entscheidend ist für alle Pflanzen, dass die Bodenorganismen ausreichend gefüttert werden, z. B. mit Kräuterjauche, Wurmhumus etc. Dies gilt für alle Pflanzentypen.

Bei gekauften Biodüngern ist immer eine Düngeanleitung enthalten.

Schwachzehrer benötigen sehr lange keinerlei Düngegaben, weil die Erde selbst bereits Dünger enthält. Auch später erhalten sie nur mäßige, seltenere Düngegaben, etwa verdünnten Pflanzensaft. Es gilt: „Weniger ist mehr“.

Bis auf die spät auszusäenden Arten sind **sämtliche Salate** mit normalem Komposthumus und allenfalls etwas Pflanzenjauche im Gießwasser zufrieden.

Mittel- und Starkzehrer erhalten nach etwa 2 Monaten gemäß ihres Bedarfs organische Düngegaben.

Grundsätzlich dürfen **Salate, Gemüse, Beeren, Obst, Kartoffeln** nie überdüngt werden – das wirkt sich negativ auf den **Geschmack** aus.

Salate wie Rucola oder Feldsalat, Spinat, Mangold oder Rote Bete bilden über Nacht **Nitrat,** das sie zum Aufbau von Proteinen benötigen (und das sich tagsüber oder bei Sonnenschein wieder abbaut. Bei Überdüngung wird die Nitratbildung zusätzlich angekurbelt.

Im Magen wird Nitrat in **Nitrit** umgewandelt und kann Krebs auslösen. Daher sollten stark nitrathaltige Pflanzen erst ab dem frühen Nachmittag geerntet werden.

Düngung von Obstgehölzen und Beerensträuchern

Obst- und Beerengehölze benötigen für den Holzzuwachs, die Blütenbildung und den Reifeprozess der Früchte **viele Nährstoffe.** Die wertvollsten Dünger sind Wurmhumus und Kompost. Organische Materialien in Bioqualität, wie Miste und Mulchmaterialien, geben dem Boden Struktur und Lebendigkeit.

✕ Während der Fruchtbildung sollte nicht gedüngt werden; der Geschmack würde erheblich leiden und die Pflanze würde einen weiteren Wachstumsschub bekommen.

Himbeeren

Himbeeren erhalten spät im Herbst sowie im Frühjahr stickstoffreichen Dünger, beispielsweise Hornspäne (pro Pflanze ¼ Tasse = ca. 30 ml). Diese werden nur oberflächlich eingearbeitet; Grasschnitt/Heu als Mulchmaterial ist auch für Himbeeren eine Stickstoffgabe.

Johannisbeeren, Stachelbeeren, Brombeeren, Äpfel etc.

- erste Düngung im März (vor dem neuen Austrieb)
- April bis Mai nachdüngen
- letzte Düngung kurz vor der Winterruhe im Herbst

Kompost, Hornspäne etc. werden flach in den Boden und Wurzelbereich eingearbeitet, ohne diese zu verletzen. Anschließend gut gießen.

Johannisbeeren wachsen auch auf dem Balkon.

ALTE ERDE WIEDERVERWENDEN

Statt Gebrauchtes einfach wegzuwerfen, kann man oft wunderbar etwas Neues daraus machen. Das gilt auch für die alte Erde aus den letzten Jahren: Die Substanz bleibt erhalten und wird jetzt mit besten Materialien aufgepeppt. Nur alte Wurzelteile sollten zerkleinert in Ihren Kompost oder die Wurmfarm wandern.

Sie benötigen:

- alte und neue Erde im Verhältnis von etwa 1:3 (bzw. 1:4 → rechts)
- Bokashi, Wurmhumus, Kompost
- pro 40 l Erde:
  125 ml Hornspäne oder Hornmehl
  125 ml Urgesteinsmehl
  150 ml Bentonit
- Schafwolle
- evtl. Maulwurfshügelerde und/oder Effektive Mikroorganismen (EM)

1. Nehmen Sie eines Ihrer großen Behältnisse und schütten die alte Erde hinein.

2. Geben Sie dann das Dreifache an Bokashi und/oder Wurmhumus und/oder Kompost dazu, sodass das Verhältnis von alter Erde zu neuer Erde + Kompost 25:75 beträgt (beispielsweise 10 l alte und 30 l neue Erde + Kompost).

3. Mischen Sie außerdem Hornspäne oder Hornmehl, Urgesteinsmehl, Bentonit und Schafwolle als Dünger darunter. Die neuen Zutaten können wieder mit Maulwurfshügelerde und/oder mit EM „infiziert" werden.

> Sollte die Erde über den Winter staubtrocken geworden sein, ergänzen Sie sie mit mehr neuer Erde und Kompost. Das Verhältnis von alter zu neuer Erde sollte dann 20:80 betragen. Auf jeden Fall muss die trockene alte Erde im Kübel so viel Wasser erhalten, dass sie gut feucht, aber nicht nass ist, bevor sie erneut bepflanzt wird; bei trockener Erde überleben auch Mikroorganismen nicht – die Erde wäre tot, ebenso wie die Pflanzen.

Biologischer Pflanzenschutz

Wem Mutter Natur ein Gärtchen gibt und Rosen, dem gibt sie auch Raupen und Blattläuse, damit er's verlernt, sich über Kleinigkeiten zu entrüsten.
Wilhelm Busch
(dt. Dichter, 1832–1908)

Dass Pflanzen auch anderen Pflanzen helfen, klingt zunächst kurios. Doch es ist der Hauptgrund, warum wir den Anbau in Mischkulturform nutzen (→ S. 73). Denn Pflanzen sind intelligent: Ihre Wurzeln fahnden gezielt nach Nährstoffen und die Pflanzenwurzelspitze besitzt ein Gleichgewichtsorgan, das unserem Innenohr ähnelt. Es ist verblüffend, wie sie agieren und auf ihre Umwelt reagieren können oder was sie unternehmen, wenn ihre Blätter oder Stängel angeknabbert werden.

In der Permakultur sollen zuerst die Zusammenhänge des grünen Kosmos auf Balkon bzw. Terrasse erfasst werden, bevor gehandelt wird. Diese Methode nenne ich „Wahrnehmungsschulung“:
Beobachten – Wahrnehmen – Erkennen – Verstehen – Handeln.

PFLANZENKRANKHEITEN

Wenn Pflanzen Krankheiten bekommen und sogar sterben, liegt dies meist – an uns! Vielleicht haben wir die falsche Pflanze an den falschen Ort gestellt, vielleicht haben wir sie nicht richtig behandelt oder einfach vergessen, sie regelmäßig zu gießen und zu pflegen.

Blattläuse und Nützlinge

Zeigt eine Pflanze – z. B. ein Apfelbaum oder eine Rose – alljährlich sehr starken Blattlausbefall, wurde vermutlich zu viel gedüngt oder die falsche Sorte gewählt; möglicherweise stimmt auch die Bodenqualität nicht (→ S. 128).

Lassen Sie aber die Blattläuse zunächst unbehelligt, damit die vielen Helferlein eine Chance haben, diese zu verzehren. Blattläuse haben nämlich Dutzende Gegenspieler: Marienkäfer, Florfliegen, Schwebfliegen, Ohrenhöhler, Gallmücken aber auch Vögel, vor allem Meisenarten. Von ihnen dürften Sie nun endlich auf Ihrem Balkon bzw. Ihrer Terrasse Besuch erhalten!

Werden Blattläuse dagegen sofort eliminiert, fehlen sie anderen Tieren. Meisen finden dann z. B. nicht ausreichend eiweißhaltiges Futter für ihre Brut.

Im Kreislauf der Natur ist jedes Tier wichtig, jedes hat eine Aufgabe; deshalb gibt es in Wahrheit keine Schädlinge.

Greifen wir vorzeitig ein, unterbinden wir diesen Kreislauf. Nur wenn über längere Zeit allzu viele Blattläuse bleiben, können Sie sie mit der Hand oder einem scharfen Wasserstrahl vergraulen.

Da es über 800 verschiedene Blattlausarten gibt, werden Pflanzen meist von „Spezialisten" besucht. Manche Pflanzen haben immer einige Blattläuse, die sich an wenigen Stellen konzentrieren, wie z. B. Kapuzinerkresse, Bohnen, Holunder.

Vorbeugen und stärken

Wenn Sie Ihre Pflanzen zudem mit Pflanzenmittel stärken, werden sie kaum Mehltau oder andere Krankheiten bekommen. Sollte das doch der Fall sein, überprüfen Sie nochmal, ob der Standort, die Düngegaben, die Qualität der Erde und die Größe des Gefäßes ausreichend sind. Bei stark befallenen Pflanzen kranke Teile entfernen.

NATÜRLICHE PFLANZENSTÄRKUNGSMITTEL

Doch nicht nur Blattläuse erkennen, wenn eine Pflanze geschwächt ist. Um Probleme und Pflanzenkrankheiten zu vermeiden, beherzigen Sie Folgendes:

- Verwenden Sie gute ausgewogene lebendige Humuserde. (→ S. 44, 125)
- Sorgen Sie für eine größtmögliche Artenvielfalt von Pflanzen(→ S. 73).
- Wählen Sie den richtigen Standort für Ihre Pflanzen (→ S. 62ff.).
- Versorgen Sie die Pflanzen präventiv mit natürlichen Pflanzenstärkungsmitteln.

Drei der wichtigsten Pflanzenschutz- und Pflanzenstärkungsmittel sind **Brennnessel, Ackerschachtelhalm und Rainfarn.** Sie helfen bei nahezu 90 % aller Krankheiten.

Die Brennnessel

Die Brennnessel (→ S. 95) wirkt als Heilpflanze entgiftend, blutreinigend, harntreibend und entschlackend.

Sie kann in Form von Brennnesselsud, Brennnesseljauche (→ S. 129) und Brennnesseltee als Dünger oder als Pflanzenschutzmittel eingesetzt werden. Werden Gewächse z. B. mit Brennnesseltee oder -sud bespritzt, stärkt das die Pflanzenzellen. Die enthaltene Kieselsäure hat für die Blätter einen Effekt ähnlich wie eine Solarzelle: Die Pflanze kann mehr Sonnenlicht absorbieren, was für ihren Stoffwechselprozess, die Photosynthese, von Vorteil ist.

Für **Brennnesselsud benötigen Sie:**

- 2 Handvoll frische Brennnesseln
- 2 l kaltes Wasser (möglichst Regenwasser)

1. 12–24 Stunden ziehen lassen, dann im Verhältnis 1:10 verdünnen.

2. Die befallenen Pflanzen damit komplett besprühen.

Meine Tomatenpflanzen erhalten beim Einsetzen eine große Menge frischer Brennnesseln: In den Topf kommt zuerst etwas Erde, dann lege ich die Brennnessel in das untere Drittel des Topfes und drücke sie dabei etwas fest. Nun mische ich Erde mit Hornspänen und Urgesteinsmehl und fülle damit den Topf auf.

Übrigens setze ich die Tomatenpflanze nicht senkrecht, sondern ganz schräg mit einem großen Teil des Stängels ein. Am Stängel bilden sich so verstärkt Wurzeln. Die Pflanze richtet sich von selbst wieder auf. Im Lauf des Jahres „verzehrt" die Tomate mit ihren Wurzeln die Brennnessel; das begünstigt die Wurzelentwicklung und die Gesundheit der Tomate – sie wird mit den Nährstoffen der Brennnessel versorgt. Am Saisonende ist von den Brennnesseln im Gefäß nichts mehr zu sehen.

Als weiterer Pflanzenschutz wird noch Basilikum mit etwas Abstand (15–20 cm) zur Tomate gepflanzt. Die beiden Arten schützen sich gegenseitig – Basilikum gedeiht in dieser Nachbarschaft prächtig.

Der Ackerschachtelhalm

Der Ackerschachtelhalm, auch Zinnkraut genannt, enthält wie die Brennnessel viel Kieselsäure. Er lindert bei Menschen Gicht, rheumatische Beschwerden, Stoffwechselerkrankungen und Ekzeme.

Bei Pflanzen wird er vorbeugend eingesetzt gegen Sternrußtau, Rosenrost, Mehltau, Kräuselkrankheit, Blattkrankheiten, Spinnmilben oder Lauchmotten. Im Bioladen kann der Arzneimittel-Rohstoff gekauft werden.

Für Schachtelhalmtee (für etwa drei Anwendungen) benötigen Sie:

- 150 g getrockneten Ackerschachtelhalm
- 10 Liter Wasser

1. Den Ackerschachtelhalm im Wasser ansetzen und 24 Stunden stehen lassen.

2. Das Ganze 30 Minuten sprudelnd kochen. Abkühlen lassen.

3. Den abgekühlten Sud mit der fünffachen Wassermenge verdünnen. Abseihen.

Setzen Sie nur so viel Sud an, wie Sie für drei aufeinanderfolgende Behandlungen benötigen.

4. Die Pflanzen damit vorbeugend oder bei Befall besprühen: Bei Befall mehrmals pro Woche auf die betroffenen Stellen sprühen; zur Vorbeugung im Frühjahr und Sommer bei Sonnenschein wöchentlich auf die Pflanze und die Erde sprühen.

Der Rainfarn

Rainfarn wurde in der Volksmedizin bei Gicht, Rheuma, Quetschungen, Magenproblemen verwendet. Er ist leicht giftig.

Auf dem Balkon kann er bei starkem Läuse- oder Milbenbefall bzw. vorbeugend gegen Mehltau und Rost eingesetzt werden. Er wird unverdünnt im Frühjahr und Sommer auf die ganze Pflanzen gespritzt, z. B. gegen Frostspanner, Himbeerkäfer, Brombeermilbe.

Für Rainfarnextrakt benötigen Sie:

- 30 g getrockneten Rainfarn
- 1 l Wasser

1. Den Rainfarn in 1 l Wasser geben und 1–2 Tage stehen lassen; so einen Auszug herstellen.

2. Rainfarn auspressen und abseihen.

3. Bei Befall von Tomaten, Kartoffeln oder Sellerie mit Rost oder Mehltau unverdünnt auf die Pflanzen spritzen und/oder als Vorbeugung verdünnt mit Wasser im Verhältnis 1 : 2 im Frühjahr und Sommer auf die Pflanzen spritzen.

Weitere Pflanzenhelfer

- **Löwenzahntee** (1 l Wasser, 200 g Blüten+Blätter) auf die Erde gegossen, fördert das Wachstum und verbessert Früchte.

- **Zwiebelschalen** als Tee (10 l Wasser, 75 g gehackte Zwiebeln) werden vorbeugend für Erdbeeren, Kartoffeln, Obstbäume, Karotten unverdünnt im Frühjahr und Sommer auf die Erde gegossen.

- **Beinwelljauche** (3 l Wasser, 50 g Blätter, verdünnt 1 : 15) versorgt Kartoffeln, Tomaten und Kohl mit Kali und kräftigt sie so. Im Frühjahr und Sommer 1x wöchentlich auf die Erde gießen.

- **Ringelblumenjauche** fördert das Wachstum und die Gesundheit aller Pflanzen, besonders von Tomaten und Kohl.

- **Tomatenblätterjauche** gespritzt fördert das Wachstum von Tomaten, Bohnen, Gurken und anderen Gemüsearten, dient als Schutz von Kohl vor Kohlweißlingen.

Zur Verdünnung von Jauchen → S. 130

Pflanzen Sie Knoblauch, Kamille, Zwiebel und Ringelblume zu Gemüse, Blumen, Obst und Beeren. Auch das wirkt vorbeugend, da Pflanzen über ihre Wurzeln und Blätter allelopathe Pflanzenwirkstoffe ausdünsten.

Es bedarf keiner chemischen Mittel!

Das Gartenjahr

Wenn es kribbelt und in den Fingern juckt, wird es allmählich Zeit für die Aussaat. Damit starten Sie. Das Kaufen und Einsetzen der Pflanzen erfolgt etwas später.

DER PHÄNOLOGISCHE SAISONKALENDER

Im Gegensatz zu den vier meteorologischen Jahreszeiten kennt der „phänologische Kalender" zehn Jahreszeiten, die sich auf die biologischen Abläufe in der Pflanzenwelt beziehen.

Der Deutsche Wetterdienst meldet durch seine ca. 1300 Beobachtungsstellen wichtige Daten für die Pflanzenentwicklung. Dabei hat sich gezeigt, dass durch den Klimawandel der Austrieb und die Blüte von Obstgehölzen (z. B. Schlehenblüte, Kirsch- und Apfelblüte) um mehrere Wochen verfrüht erfolgen – etwa, weil Februar und März in manchen Jahren mit über 20°C viel zu warm sind und einen Austrieb begünstigen –, sodass häufig in später einsetzenden Frösten die Blüten absterben.

Die klimatischen Veränderungen wirken sich auch auf Balkon und Terrasse aus.

„VORFRÜHLING": Februar / März

- Balkon/Terrasse von Laub und Winterschmutz befreien
- Saatgut überprüfen (Keimprobe)
- Gefäße, Erde, Dünger bereitstellen
- **Aussaat in der Wohnung:** kälteempfindliches Gemüse und Kräuter, z. B. Tomaten, Basilikum, Kohlarten, Gurken, Kürbis, Zuckermais, Kapuzinerkresse, Auberginen, Kohlrabi; Sommerblüher wie Tagetes, Duftwicken, Zinnien, Sonnenblumen, Sommerastern
- **Aussaat auf dem Balkon:** Spinat, Schnittlauch, Radieschen, Kresse, Petersilie, Kerbel, Dill, Fenchel, Bohnenkraut, Erbsen, Mangold; **Kaltkeimer** (→ S. 111) wie Primeln, Schlüsselblumen, Taglilien, Ringelblume, Kornblume

„ERSTFRÜHLING": Ende März–Mitte April

- Kartoffeln pflanzen (frühe Ernte) und evtl. mit Vlies schützen
- Obstgehölze düngen und pflanzen

„VOLLFRÜHLING“: Ende April–Ende Mai/Anfang Juni

- Bereits ausgetriebene Kartoffeln setzen (spätere Ernte)
- Zwiebeln und Knoblauch stecken
- **Große Pflanzzeit** nach den Eisheiligen (d. h. nach dem 15. Mai): Alle vorgezogenen Pflanzen, wie Tomaten, Gurken, Kürbis, Mais, Kräuter und Blumen, kommen auf den Balkon
- **Aussaaten in Aussaatschalen auf dem Balkon:** Salate, Stangenbohnen, Bohnenkraut, Dill, Petersilie, Winterlauch, Radieschen, Schnittlauch, Mangold, Brokkoli, Rote Bete; Sommerblumen wie Cosmea
- Hochwachsende Pflanzen stützen, anbinden und stäben
- Pflanzen auf Krankheiten überprüfen und von oben bis unten mit Schachtelhalmtee (→ S. 138) besprühen
- Evtl. Kartoffeln mit Erde anhäufeln, Pflanzentrieb von 15–20 cm bleibt frei; nicht düngen!
- Mulchen auf allen freien Flächen
- Überprüfen, ob Balkonhängekästen, alle Stützen, Töpfe, Pergolen etc. gut befestigt sind.

Fallen die Temperaturen zum Zeitpunkt der Eisheiligen (11. bis 15. Mai), decken Sie empfindliche Sorten wie Tomaten, Auberginen, Okra, Paprika, Chili und zarte Salatpflanzen mit Vlies ab. Diese Arten bevorzugen ebenso wie Gurken warme Temperaturen. Liegen die Temperaturen unter 12 °C, stellen Tomaten ihr Wachstum ein. Ausgepflanzt wird erst ab der frostfreien Zeit im Mai.

„FRÜHSOMMER“: Ende Mai–Mitte Juni

Sie haben noch keine Zeit für die Hängematte …

- Jetzt winkt der erste Ertrag! Radieschen, Schnittlauch und Salate ernten
- **Auspflanzen auf den Balkon:** vorgezogene Sommerblumen und ausgesätes Wintergemüse
- Evtl. vorgekeimte Stangenbohnen, Buschbohnen, Mais, Zuckererbsen oder gekaufte Pflänzchen einsetzen
- Platz schaffen für Kürbis, Zucchini, Tomaten
- **Aussaat auf dem Balkon u. a.:** Sommerradieschen, Endivien, Sommersalate, Bunte Bete, Winterlauch, Knoblauch, Fenchel, Kresse

- Erde lockern, mulchen
- Starkzehrer düngen mit stark verdünnter Brennnessel- oder Kräuterjauche
- Pflanzen stärken mit Schachtelhalm- oder verdünntem Brennnesseltee
- Stecklingsvermehrung von Kräutern, Stauden und Obstgehölzen (→ S. 114)
- Teilung von Wurzelstöcken
- Kartoffeln immer wieder mit Erde anfüllen; Pflanzentrieb soll nur ca. 15–20 cm über der Erde hervorstehen. Kartoffeln nicht düngen!
- Viel gießen
- Kontrollieren, ob alle Gefäße bei Wind gut befestigt sind
- Tee am Balkon genießen, nebenbei die ersten Erdbeeren naschen

„HOCHSOMMER“: Ende Juni–Ende Juli

Jetzt haben Sie keinen Platz mehr für die Hängematte …

- Ausreichend gießen bzw. Bewässerungsmanagement perfektionieren
- Pflanzen nur am frühen Morgen oder späten Abend einsetzen. (Bei hohen Temperaturen wird die Erde sonst zu warm; die Pflanzenwurzeln würden stark in Mitleidenschaft gezogen.)
- Späte Gemüsesorten einpflanzen. Auch vorgezogene, ausgesäte Winter- und Gemüsepflanzen müssen jetzt in die Balkonerde.
- Erdoberfläche wieder lockern, aufkratzen und mulchen
- Sollte Phlox, Flockenblume, Katzenminze verblüht sein, tiefen Rückschnitt machen, dann gibt es die zweite Blüte.
- Starkzehrer düngen
- Johannisbeeren, Stachelbeeren, Erdbeeren, Himbeeren ernten
- Radicchio, Winterrettiche, Radieschen, Fenchel aussäen
- Evtl. noch Stecklingsvermehrung
- Kräuter und Samen ernten, trocknen, beschriften, in Gläser füllen

„SPÄTSOMMER“: August

- Wenn Sie jetzt noch einpflanzen, sollte das immer noch am frühen Morgen oder am späten Abend stattfinden (siehe oben).
- Erde lockern bzw. aufkratzen; gießen und mulchen

- Mehrjährige Pflanzen nicht mehr düngen
- Starkzehrer wie Tomaten, Kohl, Paprika erhalten verdünnte Kräuterjauche
- Evtl. sind die Frühkartoffeln schon zu ernten; später gesetzte Kartoffeln wie gewohnt bis 15–20 cm unterhalb der Triebe mit Erde auffüllen
- Samen von Kräutern und Blumen ernten, trocknen, in beschriftete Tütchen füllen

„FRÜHHERBST“: Ende August–Mitte September

Der Balkon befindet sich jetzt in üppigstem Zustand mit Kräutern, Gemüse und Salaten.

- Herbstaussaaten durchführen für Feldsalat, Postelein, Radieschen, Winterzwiebeln
- Bohnen und Erbsen ernten
- Saatgut von Kräutern, Gemüsen, Blumen ernten und trocknen, in Gläser füllen und beschriften
- Knoblauch stecken
- Kartoffeln wieder anhäufeln
- Kräuter ernten
- je nach Region in kälteren Nächten wärmeliebende Pflanzen wie Tomaten, Auberginen, Chili, Paprika in Vlies packen
- abgeblühte Pflanzen und Samenstände für Insekten und Vögel stehen lassen

„VOLLHERBST“: Mitte September–Mitte Oktober

- Evtl. Feldsalat, Postelein, Spinat nachsäen
- Ist das Kartoffelkraut abgestorben, können Kartoffeln geerntet werden (Erde nicht abwaschen, sonst sind Kartoffeln nicht gut lagerfähig)
- Saatgut von Kaltkeimern kann jetzt im Freien gesät werden
- Winterschutz für frostempfindliche Pflanzen bereitlegen (Rosmarin)
- Zwiebeln für Frühjahrsblüher wie Tulpen, Narzissen, Hyazinthen, Krokusse u. Ä. in abgeerntete Kästen setzen, diese beschriften
- Verblühte Pflanzen nicht abschneiden; sie sind für Insekten und Vögel wichtig.

„SPÄTHERBST“: Mitte Oktober–Anfang November

Kürbisse sind geerntet, Zucchini eingekocht, Tomaten geben noch Früchte ab, unreife Tomaten reifen in der Küche nach … Jetzt haben Sie Platz und Zeit für die Hängematte!

- Falls noch nicht geschehen, Gehölze und Stauden pflanzen
- Bei Frost Vlies auf die Gemüsekulturen legen
- Frostschutz (Heu, Stroh und darüber Vlies) für Rosmarin anbringen
- **Sehr wichtig: Regelmäßig** die Töpfe mit Obstgehölzen, Rosen, Wintergemüse etc. gießen. **An frostfreien Tagen** unbedingt **alle** Gefäße und Pflanzen gießen. Aber Tulpenzwiebeln und Frühjahrsblüher müssen nicht viel gegossen werden – bei zu viel Feuchtigkeit könnten sie sogar faulen.
- Falls Sie noch keine Hügelbeet-Töpfe angelegt haben, ist jetzt ein guter Zeitpunkt.
- **Verblühte Pflanzen als Unterschlupf für Insekten stehen lassen**
- **Futterstation für Vögel aufbauen**
- Evtl. Winterschnitt von Obstbäumen (je nach Wachstum)

DER BALKON IM WINTER

Der phänologische Winter dauert von Anfang November bis Mitte Februar.

Die Pflanzlisten auf S. 81–100 enthalten überwiegend einjährige Gemüse- und Salatsorten. **Sommerblumen wie Zinnien, Ringelblume, Kornblume oder Kamille** sind ebenfalls nur einjährig und sterben im Herbst ab. Mit etwas Glück samen sie im nächsten Jahr selbst aus. Wer sichergehen will, „erntet“ nach der Blüte die reifen Samen für das nächste Jahr (→ S. 112).

Lassen Sie **alle abgestorbenen einjährigen Pflanzen** den ganzen Winter auf dem Balkon und in den Gefäßen. Selbst wenn diese Pflanzenreste dem Frost ausgesetzt sind, bieten sie der Erde und mehrjährigen Pflanzen einen gewissen Schutz. Zudem reichern sie den Boden mit ihren Nährstoffen an und halten die Erde etwas feucht. Manche Samenstände, z. B. die der Fetthenne, bieten Vögeln einen Anflug- und Sitzplatz; andere Arten enthalten zusätzlich noch Samen.

Verbenen, Duftpelargonien u. a. müssen vom Balkon an kühle Stellen in der Wohnung umziehen. Von **Dahlien, Gladiolen, Canna und anderen Sommerpflanzen** müssen vor dem Frost die Zwiebeln aus der Erde genommen werden und, in etwas Erde gepackt, in trockenen, kalten, dunklen Räumen überwintern. ***Agapanthus*** soll frostfrei, aber kalt, hellstehend im Topf überwintern.

Achten Sie beim Kauf auf Hinweise, ob Pflanzen im Freien oder frostfrei in der Wohnung den Winter überdauern (und notiere Sie die Infos im Balkontagebuch).

Frostschutz auf dem Balkon

Mehrjährige Kräuter wie Rosmarin sind nur bedingt winterhart und können vor allem bei starken Frösten erfrieren. Rücken Sie **empfindliche mediterrane Kräuter** deshalb an windgeschützte Stellen nahe der Hauswand. Stellen Sie sie jedoch nicht direkt auf den Boden, sondern zur Isolierung von unten am besten auf eine Styropor- oder Korkplatte. Packen Sie **empfindliche, bedingt winterharte Pflanzen** mit viel Laub, Stroh, Tannenzweigen ein und umhüllen Sie sie mit Vlies. (Stroh isoliert sehr gut. Es ist im Bioladen erhältlich, Bioheu im Gartencenter.) Untersetzer nicht vergessen.

Clevere Geschäftsmodelle suggerieren, wie Sie jeden Topf und jede Pflanze und jeden Baum auf dem Balkon einhüllen, zudecken, verpacken und eine große schöne Schleife außen rum machen. Das brauchen Sie alles nicht!

Vergessen Sie auch im Winter an frostfreien Tagen das Gießen nicht – die meisten Pflanzen erfrieren nämlich nicht, sondern vertrocknen! Lassen Sie allerdings keinesfalls Wasser im Untersetzer stehen.

Mehrjährige winterharte Pflanzen brauchen keinen Schutz, insbesondere wenn sie in größeren Gefäßen stehen. Dazu zählen Obstgehölze, Bäume, Stauden und vor allem einheimische Wildpflanzen.

Weder Bäume noch andere Pflanzen dürfen bei Frost geschnitten werden!

Exotische Pflanzen wie Oleander, Oliven-, Zitrus- und Orangenbäumchen, Lorbeerbaum oder Palme müssen Sie in die Wohnung bringen, um sie vor Frost zu schützen. Diese Gehölze verursachen in Innenräumen Arbeit und Probleme: Spinnmilben, Wollläuse, Schildläuse oder Fliegen nisten sich ein. Solche Pflegefälle schaffe ich mir längst nicht mehr an.

Wer ernsthaft Permakultur betreiben will – auch auf Balkon oder Terrasse –, sollte sich Gedanken über ein nachhaltiges Konzept machen, das auf den Kreisläufen in der Natur basiert. Beobachten Sie dazu die Funktionsweise der natürlichen Ökosysteme ganz genau und versuchen Sie, sie bei der Planung und Gestaltung Ihres Balkons nachzuahmen und zu übernehmen. Das gilt auch für die Qualität, von der Erde bis zu den Pflanzen, und das Einbeziehen alles Lebendigen.

Extra: Gärtnern auf der Fensterbank

Wer keinen Balkon besitzt, kann auch auf der Fensterbank Kräuter, Blumen und Gemüse selbst ziehen. Diese Form des Gärtnerns hat zwar für mich nur am Rande mit dem Konzept der Permakultur zu tun, dennoch kann sie Freude bereiten und die Wertschätzung für Lebensmittel fördern.

PFLANZGEFÄSSE

Verwenden Sie als Pflanzgefäße möglichst große Balkonkästen mit einer Höhe von mindestens 25–30 cm. Auch hier benötigen Sie Untersetzer, torffreie Erde, Langzeitdünger und Urgesteinsmehl.

INNEN ODER AUSSEN?

Die Bedingungen im Freien sind immer besser als in Innenräumen – draußen entstehen weniger Probleme und Krankheiten. Nach der frostfreien Zeit können Sie eine Direktaussaat vornehmen, oder Sie säen ab Februar/März in der Wohnung aus und setzen die Pflanzen ab Mitte Mai in die Pflanzkästen (→ S. 140).

Wenn sich **am Außenfensterbrett** lange Stäbe oder Schnüre als Rankhilfe befestigen lassen, können Sie Stangenbohnen ziehen. Aufgrund ihrer Blattmasse wird es dann allerdings im Zimmer etwas dunkler. Probieren Sie auch den Anbau von Zuckererbsen aus; diese benötigen ebenfalls eine Rankhilfe.

Balkonkästen, die am Außenfensterbrett stehen, müssen besonders gesichert sein, damit sie nicht bei Sturm oder Wind hinabfallen.

Auf dem **Fensterbrett in der Wohnung** lassen sich ebenfalls einige Arten kultivieren. Am günstigsten ist ein Süd- oder Westfenster, möglichst in einem oberen Stockwerk. Wenn Pflanzen nicht genügend Licht erhalten, produzieren sie sehr lange Stängel, sogenannte „Geiltriebe“.

Ost- oder nordseitige Fensterbänke oder **wenig sonnige Fenster** im Erdgeschoß eignen sich für alle Salatsorten sowie für Kresse, Mangold, Petersilie, Pfefferminze, Sellerie, Knoblauch, Zwiebel, die alle auch gut im Halbschatten wachsen.

Ein Vorteil im Innenraum liegt darin, dass Sämlinge und Pflanzen gleichmäßige **Wärme** erhalten; es sollte aber nicht zu warm sein – idealerweise bis 15°C –, insbesondere wenn man Salate oder Radieschen zieht.

WAS LÄSST SICH ZIEHEN?

Kurz laufende Kulturen wie Salate oder Radieschen – die schnell reif sind – sind optimal: Sie können immer wieder nachgesät bzw. nachgepflanzt werden. Übrigens schmecken auch die Blätter von Radieschen, Kohlrabi oder Roter Bete gut, solange sie jung und zart sind.

❌ Groß wachsende Kulturen wie Kürbis oder Mais sind dagegen aufgrund ihres Platz- und Nährstoffbedarfs für die Fensterbank ungeeignet.

> Achten Sie darauf, das Saatgut nicht zu dicht zu säen; die Pflanzen gedeihen dann schlecht. Säen Sie Kreuzblütler (etwa Radieschen) nicht mehr als zweimal in die gleiche Erde.

Barbarakraut
Buschbohne
Chili
Eiszapfen
Frauenmantel
Gundermann
Kapuzinerkresse
Knoblauch
Kohlrabi
Kresse
Kümmel
Lauchzwiebeln
Lavendel
Mangold
Margeriten
Minze
Oregano
Paprika
Pflücksalate
Postelein
Radicchio
Radieschen
Ringelblumen
Romanasalat
Rosmarin
Rucola
Salate
Salbei
Schnittlauch
Storchschnabel
Teekräuter
Thymian
Vogelmiere
Zitronenmelisse
Zuckererbsen
Zwiebeln

Sprossen und Keimlinge jeweils in extra Schalen

GEMÜSE WIEDERBELEBEN

Aus manchen Gemüseresten lassen sich neue Pflanzen ziehen: Wenn Sie Gemüse oder Salate zubereiten, schneiden Sie den unteren Wurzelbereich ca. 3–4 cm hoch ab und setzen Sie ihn in Erde ein. Sie können Strunk oder Wurzel auch in ein Glas legen und nur so viel Wasser hineingeben, dass das Strunk- oder Wurzelende benetzt, aber nicht nass ist. So bilden sich wieder Wurzeln und die Pflanze beginnt zu wachsen. Wenn die Wurzeln mehrere Zentimeter gewachsen sind, können Sie sie eintopfen.

Wichtig: Schneiden Sie das „Herz", also das Innerste, nicht ab, sonst kann die Pflanze nicht mehr austreiben.

Bei Chinakohl bildet sich kein geschlossener Kopf, man erntet nur die Blätter.

Chicoree
Chinakohl
Karotten
Kohlrabi
Knollenfenchel
Lauch
Lauchzwiebeln
Romanasalat
Pastinaken
Petersilienwurzeln
Rote Bete
Stangensellerie
Salate
Zwiebeln

Schlusswort

Alles Leben kommt aus dem Meer. Auch Pflanzen siedelten von dort aufs Land über. In diesem unglaublichen evolutionären Prozess gelangte vor über 500 Millionen Jahren auch der lebensnotwendige Sauerstoff in die Atmosphäre, das Kohlendioxid wurde reduziert. Erst vor etwa 130 Millionen Jahren entstanden Blütenpflanzen mit über 400 000 Arten. Seitdem gedeihen täglich und Jahr für Jahr Pflanzen, Gräser und Samen in unüberschaubarer Vielfalt, und das aus eigener Kraft, wo immer man sie lässt. Dies sollte uns die Augen dafür öffnen, welcher Reichtum sich ohne unser Zutun in der Natur entwickelt hat, der unser Leben erst ermöglicht.

Nach jedem Winter erleben wir die Kraft des Frühjahrs: Neue Pflanzen treiben aus, blühen, duften, bilden Samen, locken Insekten und Bienenarten an und sichern damit die Grundlage unserer Ernährung. Der menschengemachte Klimawandel und das Artensterben könnten diese Einmaligkeit zunichte machen.

Gärtnern am Balkon mit der anspruchsvollen Permakulturmethode, bei der das Ganzheitliche, Nachhaltige, Ökologische im Vordergrund steht, fordert alle Sinne.

Die Belohnung für unsere Aufmerksamkeit und Zuwendung besteht darin, selbst gezogenes Obst und Gemüse sowie frische Salate und Kräuter zu ernten. Doch der Zugang zur „Natur im Kleinen“ auf dem Balkon kann viel mehr bewirken: Die Arbeit mit Erde, die Beschäftigung mit Pflanzen und Tieren, die pure Freude über die erzielten Erfolge – all dies tut der Seele gut. Beim Genuss des eigenen aromatischen Obsts und Gemüses, beim Einatmen des Dufts von verschiedenen Blüten und Kräutern stellt sich innere Zufriedenheit ein.

Urbanes Gärtnern ist ein zunehmend großes Bedürfnis von StadtbewohnerInnen. Dennoch wurden im Jahr 2020 in Deutschland „nur“ ca. 25 Millionen Balkone bepflanzt – weniger als die Hälfte der etwa 58,7 Millionen existierenden Balkone.

Es besteht also noch ein Potenzial von fast 34 Millionen ungenutzten Balkonflächen. Würden sie ebenfalls mit Blumen geschmückt oder für den eigenen Anbau genutzt, wäre dies selbst bei einer Durchschnittsfläche von nur vier Quadratmetern pro Balkon ein Gewinn für das Allgemeinwohl.

Mein designter Balkon auf der Bundesgartenschau (BUGA) in München 2005. Bepflanzung in Mischkultur mit Obstgehölzen, Salaten, Gemüse, Wildpflanzen, Kräutern, Blumen, Wein, Hopfen, Tief- und Flachwurzlern. (→ Kasten S. 12)

Durch Permakultur am Balkon gäbe es:

- mehr selbstgezogene, gesunde, frische Lebensmittel und Blumen
- weniger pestizidbelastete Lebensmittel
- weniger Lärm und Abgase durch Transporte
- mehr Pollen und Nektar für Bienen und Insekten
- eine Verbesserung des Kleinklimas
- eine beträchtliche Einsparung von CO_2
- eine Reduktion unseres „ökologischen Fußabdrucks"
- weniger Hitze und Trockenheit in der Stadt
- weniger Treibhausgase, geringeren Flächenverbrauch
- mehr Freizeit und Urlaub auf dem Balkon, weniger Reisen

In einer Studie des Umweltbundesamts mit dem Titel *Von der Welt auf den Teller – Kurzstudie zur globalen Umweltinanspruchnahme unseres Lebensmittelkonsums* wurde untersucht, wie hoch die Umweltbelastungen weltweit sind, die durch Produktion und Verteilung unserer täglichen Lebensmittel entstehen.

Dabei hat sich unter anderem herausgestellt, dass für die Lebens- und Futtermittel, die zur Nahrungsproduktion für Deutschland nötig sind, 11,7 Millionen Hektar landwirtschaftliche Flächen außerhalb Deutschlands genutzt werden.

Wenn wir also auf dem Balkon oder der Terrasse unsere Lebensmittel selbst anbauen, leisten wir einen nicht unerheblichen ökologischen Beitrag.

Doch neben diesem Nutzen für Klima und Umwelt ist auch der persönliche Gewinn nicht zu unterschätzen: die Freude über Erfolgserlebnisse und die neue Wertschätzung von Lebensmitteln und der Natur, die das Projekt *Permakultur auf dem Balkon* begleiten.

Ulrike Windsperger

Permakultur ist das Schaffen von kleinen Paradiesen hier auf der Erde.
Bill Mollison
(Mitbegründer der Permakultur, 1928–2016)

Bezugsquellen und Adressen

Ahornblatt Naturgarten
Obstgehölze, Pflanzenversand
www.ahornblatt-garten.de

Baumschule Gerhard Baumgartner
700 alte Obstsorten
Hauptstr. 2, 84378 Nöham
www.baumgartner-baumschulen.de

Bioland-Baumschule
pflanzlust@t-online.de

Bioland Hof Jeebel
Jeebel 17
29410 Salzwedel OT Jeebel
Tel. 03 90 37 / 7 81
www.biogartenversand.de
info@biogartenversand.de

Bingenheimer Saatgut AG
Kronstr. 24
61209 Echzell
Saatgutkatalog online
www.bingenheimersaatgut.de

Gärtnerei Blu
essbare Pflanzen
www.blu-blumen.de

Dreschflegel GbR
www.dreschflegel-saatgut.de

Kräuter- und Wildpflanzen-Gärtnerei Strickler
www.gaertnerei-strickler.de

ökohum
Torffreie Erden
www.ökohum.info

ReinSaat
Samenfeste Sorten
www.reinsaat.at

Rieger-Hofmann GmbH
Saatgut einheimischer Wildpflanzen
In den Wildblumen 7–11
74572 Blaufelden-Raboldshausen
www.rieger-hofmann.de

Rühlemanns Kräuter und Duftpflanzen
info@kraeuter-und-duftpflanzen.de

Sativa Biosaatgut GmbH
Samenkatalog zum Download
www.sativa-biosaatgut.de
sativa@sativa-biosaatgut.de

Staudengärtnerei Dieter Gaissmayer
Biolandbetrieb
Jungviehweide 3
89257 Illertissen
www.staudengaissmayer.de

Syringa
Duftpflanzen
www.syringa-pflanzen.de

Bewässerungshilfe, 4er-Set
Waschbär Bioversand
www.waschbaer.de

Effektive Mikroorganismen
www.em-chiemgau.de

Humusziegel
www. humusziegel.de

Kompostierungshilfen
www.wurmwelten.de

Schafwollpellets
www.schafwollpellets.at

Torffreie Erden
www.Neudorff.de

Erdvolumenrechner online
www.gartengnom.net/rechner/volumen/
presto-humus.de/de/erdvolumenrechner

Arche Noah
Gesellschaft für die Erhaltung der Kulturpflanzenvielfalt & ihre Entwicklung
www.arche-noah.at

BUND
www.bund.net
BUND-Einkaufsführer für torffreie Erden zum Download online

pro specie rara
Schweizerische Stiftung für die kulturhistorische und genetische Vielfalt von Pflanzen und Tieren
www.prospecierara.ch

VEN Verein zur Erhaltung der Nutzpflanzenvielfalt e. V.
www.nutzpflanzenvielfalt.de

Verbund Offener Werkstätten e. V.
Freiraum zum Selbermachen
www.offene-werkstaetten.org

Vern e.V.
Erhaltung und Rekultivierung von Nutzpflanzen
vern-ev.de

Weiterführende Literatur

Scheub, Ute: *Die Humusrevolution. Wie wir den Boden heilen, das Klima retten und die Ernährungswende schaffen.* oekom, 2017

Anthes, Daniel/Schulenburg, Katharina: *Weil wir Essen lieben. Vom achtsamen Umgang mit Lebensmitteln.* oekom, 2018

Volkert Engelsman (Hrsg.), Bernward Geier (Hrsg.): *Die Preise lügen. Warum uns billige Lebensmittel teuer zu stehen kommen.* oekom, 2018

Göpel, Maja: *Unsere Welt neu denken.* Ullstein, 2020

Grohmann, Gerbert: *Lesebuch der Pflanzenkunde.* Verlag Freies Geistesleben, 1996

Lovelock, James: *Das Gaia-Prinzip. Die Biographie unseres Planeten.* oekom, 2021

Pahlow, Mannfried: *Das große Buch der Heilpflanzen.* Nikol, 2013

Reckwitz, Andreas: *Die Gesellschaft der Singularitäten. Zum Strukturwandel der Moderne.* Suhrkamp, 2019

Rosa, Hartmut: *Resonanz. Eine Soziologie der Weltbeziehung.* Suhrkamp, 2019

Scholz, Heinz: *Sanft heilen mit Naturmedizin. 130 bewährte Heilmittel für Ihre Gesundheit.* Midena, 1992

Schumacher, Ernst F.: *Small is beautiful. Die Rückkehr zum menschlichen Maß.* oekom, 2019

Stengel, Oliver: *Vom Ende der Landwirtschaft. Wie wir die Menschen ernähren …* oekom, 2021

Storl, Wolf-Dieter: *Bekannte und vergessene Gemüse. Ethnobotanik, Heilkunde und Anwendungen.* AT Verlag, 2012

Von der Welt auf den Teller – Kurzstudie zur globalen Umweltinanspruchnahme unseres Lebensmittelkonsums, www.umweltbundesamt.de/sites/default/files/medien/5750/publikationen/uba_210121_kurzstudie_nahrung_barr.pdf

Welzer, Harald: *Alles könnte anders sein. Eine Gesellschaftsutopie für freie Menschen.* S. Fischer, 2019

Welzer, Harald: *Selbst denken. Eine Anleitung zum Widerstand.* S. Fischer, 2013

Windsperger, Ulrike: *Handbuch Permakultur. Klug planen und nachhaltig gärtnern.* Ulmer Eugen, 2019

REGISTER

A

B

C/D

E

F

G

H/I/J

K

L

M

N / O

T

U/V/W

Y/Z

Über die Autorin

Ulrike Windsperger hat Gartenbau, Erziehungswissenschaften und Soziologie studiert. Sie ist ausgebildete Kräuterpädagogin und Imkerin. Lange leitete sie für denLandesverband der Bayerischen Imker einen Orts- und Kreisverband. Für den Bund Naturschutz war sie stellvertretende Vorsitzende in München, und in der Schumacher-Gesellschaft ist sie seit Langem aktives Mitglied. Sie ist darüber hinaus mit vielen verschiedenen Organisationen und Kultureinrichtungen verbunden.

Ulrike Windsperger hat bereits Ihre Diplomarbeit über Permakultur verfasst und Ihr Wissen auf der Bundesgartenschau in München 2005 mit einem eigenen Permakulturprojekt umgesetzt: „Der Naschgarten am Balkon". Sie ist die Autorin des Handbuchs Permakultur und wurde schon mehrfach vom Bayerischen Rundfunk bei ihren Aktivitäten begleitet, zuletzt am Ökologischen Bildungszentrum in München.

Die Expertin für Permakultur lehrte viele Jahre an der Universität zu den Schwerpunkten Umweltbildung, Nachhaltigkeit, Ökologie, Tourismus und Freizeitpädagogik. Ihr Wissen über Garten, Ökologie, Bienenkunde und Wildkräuter vermittelt sie heute regelmäßig in Vorträgen und Seminaren.

Auf ihrem Balkon und in ihren Gärten praktiziert sie seit über 35 Jahren Permakultur.

Die dabei gewonnenen Erkenntnisse fließen in ihre Vorträge, Seminare sowie in die Artikel ein, die sie für verschiedene Gartenzeitschriften verfasst.

Bildnachweis

Adobe Stock: 10 u., 13 (Odua Images), 11 o.r., 95 o. (agatchen), 23 u. (Thomas), 58 (Happy Dragon), 59 o.M., 81 (Ossie), 79 o. (Dmitry), 79 u. (volff), 80 (Tatjana Balzer), 83 (Fleur), 88 (Duncan Grant), 91 (ironstuffy), 92 r. (ChrWeiss), 95 u. (Ruckszio), 96 u. (syuntarou), 97 M. (Stefan), 97 u. (Volodymyr), 103 (isuaneye), 109 o.l., 133 (piXuLariUm), 116 (Harald Jahn); **Burgon & Ball:** 23 o.r., 31 (Hinweis: Das dargestellte Produkt wird nicht mehr hergestellt.) **hecht international GmbH:** 23 o.l., 32 o.; **iStock:** 6 (querbeet), 8 (fotografixx), 10 o.r., 65 (aloha_17), 23 o.M., 32 u. (wayra); **Sabine Timmann (Illustrationen):** 27, 50, 124; **Shutterstock:** 1 (GoodStudio), 1 (Ihor Biliavskyi), 1 (Kalinin Ilya), 1 (olesia_g), 1 (vikiss), 10 o.l., 14 (Federico Rostagno), 10 o.r., 11 u., 86 (ChiccoDodiFC), 11 o.l., 21 (L. Feddes), 22 (Hans Geel), 24 (Pachai Leknettip), 28 (ppart), 40 (Martin Adamek), 42 (Dace Kundrate), 47 (Richard Rinaldo), 52 (nkula), 53 (Sydney Schaaf), 59 o.l., 76 (Supakvadee T), 59 o.r., 92 l. (Ole Schoener), 59 u., 77 (Gardens by Design), 96 o.l. (Miroslav Hlavko), 96 o.r. (snowturtle), 97 o. (kukuruxa), 98 (LifeCollectionPhotography), 99 (Oleksiichik), 100 o. (Hanna and the world), 100 u. (Manfred Ruckszio), 101 (Maurice Lesca), 108 o., 121 (Jurga Jot), 108 u.l. (Arturs Budkevics), 108 u.r., 134 (Maren Winter), 109 o.M., 128 (Martina Unbehauen), 109 o.r. (Melica), 109 u., 112 o., 113 (Lyudmila Mikhailovskaya), 112 u. (ULD media), 131 (Ida Wastensson), 137 (Scisetti Alfio), 138 o. (BAO-Images Bildagentur), 138 u. (Tanya_mtv); **Ulrike Windsperger:** 148

FSC www.fsc.org MIX Papier aus verantwortungsvollen Quellen FSC® C010328

Klimaneutral Druckprodukt ClimatePartner.com/14044-1912-1001

3. Auflage
Originalausgabe

Neumarkter Str. 28, 81673 München
Covergestaltung: Bernadett Linseisen (schere.style.papier), unter Verwendung von Motiven von © Shutterstock (Andrii Bezvershenko, GoodStudio, Guaxinim, Ihor Biliavskyi, Kalinin Ilya, Kazakova Maryia, olesia_g, Panda Vector, Thoom, vikiss)
Redaktion: Christiane Manz
Bildredaktion: Annette Baur
Layout und Satz: Bernadett Linseisen (schere.style.papier), München
Druck und Bindung: Alföldi Nyomda Zrt., Debrecen
Printed in Hungary

ISBN 978-3-517-30311-6